THOMAS MÜLLER
Der strahlende Sieger

Michael Part

I0161585

Sole
BOOKS

Für meine drei Großväter:

Henry Kunstmann, Francis Part & Max Koren

Kapitel 1 – Zweiter Platz

DIE MIKROFONE standen auf der Bühne bereit,
und Hunderte von Reportern und Fans säumten
die Ränge und den Laufsteg der «World of
Sports» auf dem Gelände der Adidas-Zentrale in
Herzogenaurach. Der Firmenchef von Adidas
nahm sich eines der Mikrofone, sah zu jemandem
hinüber, der irgendwo hinter den Kulissen im
Schatten stand, und nickte ihm zu.

Thomas Müller, der sich im Schatten verborgen
hielt, nickte zurück und wartete auf seinen Einsatz.

Auf den Balustraden sahen die Fans den
Feierlichkeiten unter ihnen zu und konnten auf ein
riesiges Bild blicken, das Thomas in drei Motiven
zeigte, und den leeren Raum schmückte, der die
Etagen des modernen Gebäudes teilte. Auf diesem
Bild standen nur zwei Worte: «Servus, Thomas».

Die Preisverleihung war etwas Ernsthaftes, doch
Thomas hatte Mühe, selbst ernst zu bleiben. In

diesen Tagen war er so glücklich, dass ihn alles zum Lachen brachte und er Lust hatte, die verrücktesten Dinge zu tun. Neben Fußball und seiner Frau war für ihn das Wichtigste im Leben, Menschen zum Lachen zu bringen. Das war früher schon so, als sie kleine Kinder waren und sich seine älteren Cousins und sein jüngerer Bruder Simon immer über ihn kaputtlachten. Die FIFA würde ihn interviewen, nachdem sie ihm die Trophäen überreicht haben würde. Er wusste bereits, was er sagen würde.

Er wünschte, sein jüngerer Bruder Simon könnte hier sein. Er konnte nicht früher von der Arbeit kommen. Die beiden teilten alles miteinander, als sie zusammen aufwuchsen, und auch diese Preise wollte er mit ihm teilen. Ebenso wünschte er sich, all die Teamkameraden seines Heimatvereins TSV Pähl könnten auch hier sein. Es war eine lange Reise vom Hochschloss und den Landstraßen von Pähl zum Weltmeistertitel.

Während die Menschen auf der Bühne begeistert über die Weltmeisterschaft 2014 sprachen, die Deutschland zum ersten Mal seit vierundzwanzig Jahren gewonnen hatte, starrte Thomas auf das überlebensgroße Bild, das ihn zeigte, wie er Mats

Hummels und seine Mannschaftskameraden umarmte, die er seit seiner Jugend kannte. Das Bild war auf dem Spielfeld des berühmten Maracanã-Stadions in Rio aufgenommen worden, Sekunden nachdem sie ihr Endspiel gegen Argentinien gewonnen und den Weltmeistertitel für sich entschieden hatten. Sein Mund stand weit offen und seine Zunge hing heraus, als würde er beim Zahnarzt eine Füllung verpasst bekommen.

Ein Mann im Anzug, der Kopfhörer trug, klopfte ihm auf die Schulter: «Bereit?»

Thomas wandte sich nach ihm um und machte dieselbe Grimasse mit aufgerissenem Mund.

Der Typ lachte.

Thomas lachte auch. Er holte tief Atem. Es entspannte ihn, wenn er jemanden zum Lachen brachte.

«Meine Damen und Herren», sagte der Mann auf der Bühne, und alles wurde still. «Bitte begrüßen Sie herzlich unseren Weltmeister, Thomas Müller!»

Die Menge brach in Beifallsstürme aus.

Thomas trottete hinaus auf die Bühne. Er liebte die Bühne seit seiner Grundschulzeit, als er in einem Theaterstück mitgespielt hatte. Es fühlte sich großartig an, als er zum ersten Mal als junger Bub die Bühne betrat, und genauso aufregend fühlte es sich jetzt an. Die Spannung und die Hochstimmung, wenn er spürte, dass so viele Augen auf ihn gerichtet waren und man darauf wartete, von ihm unterhalten zu werden. Es war dieselbe Erregtheit, die er immer dann spürte, wenn der Ball, den er aufs Tor schoss, dort einschlug, nur eine Sekunde, bevor das Grölen der Zuschauermenge explodierte.

An diesem Oktoberabend war jeder Mensch wie verliebt in diesen bescheidenen Jungen aus dem bayerischem Örtchen Pähl.

«Vielen Dank», sagte er und das Publikum klatschte Beifall. Er drehte sich um und lächelte. Dann bemerkte er, dass der Chef von Adidas nicht den Silbernen Schuh für den zweitbesten WM-Torschützen bereithielt. Er hatte nur den Silbernen Ball dabei. Wo war die andere Auszeichnung, die er bekommen sollte?

«Wir haben eine Überraschung für dich, Thomas», sagte der Mann und drehte sich von der Bühne weg in die andere Richtung um. «Zeig dich!», rief er.

Die Türen des nahe gelegenen Aufzugs öffneten

sich und da stand sein jüngerer Bruder Simon, den Silbernen Schuh in den Händen. Er eilte zu ihnen hinüber.

Thomas lächelte und unterdrückte dabei seine Tränen. Er hatte Simon seit Monaten schon nicht mehr gesehen und vermisste ihn furchtbar. Er packte ihn und umarmte ihn so stürmisch, dass ihm beinahe die Trophäe aus den Händen fiel. Er nickte in Richtung der Trophäe und flüsterte seinem Bruder ins Ohr: «Ist die für mich?»

Simon grinste. «Ich hoffe doch, es steht dein Name drauf!», flüsterte er zurück und beide lachten.

Simon übergab ihm den Silbernen Schuh.

Das Publikum applaudierte und jubelte wild aus allen Richtungen.

Thomas drückte die Preise fest an seine Brust. Zweitbester Spieler und zweitbester Torschütze. Nicht schlecht, aber wichtiger war, dass er ein Spieler in der besten Mannschaft der Welt war, dachte er.

Nach der Feier achtete Thomas darauf, dass Simon neben ihm stand. Er wollte ihn nicht aus den Augen verlieren, als er von der FIFA interviewed wurde. «Thomas, gerade hast du die Einzelpreise für deine Leistungen bei der WM erhalten. Wie wichtig sind sie für dich?», fragte der Reporter.

Thomas schmunzelte. «Sie sind eine Anerkennung dafür, was ich geleistet habe. Aber … das ist ein Erfolg auf einer persönlichen Ebene. Sie sind wichtig, aber die Weltmeisterschaft ist alles. Nicht nur für mich oder meine Mannschaft, sondern für Deutschland.»

«Was war für dich der entscheidende Punkt, den Titel zu holen?», fragte der Reporter.

Thomas lachte: «Zu gewinnen!»

Das Publikum flippte aus und johlte noch mehr.

Er spürte die Liebe seiner Fans und er hoffte, sie empfanden so, weil er aus seinem Herzen sprach.

«Es geht ums Gewinnen,» dachte er. Ums Tore schießen und Gewinnen. Jeder Trainer, für den er jemals spielte, hatte ihm das eingeschärft. Dies nun war die erste Trophäe, die sein Land gewonnen hat, seit Oliver Bierhoff für die Nationalmannschaft spielte und das Golden Goal schoss, mit dem sie die Europameisterschaft 1996 gewannen. Er war noch ein kleines Kind, das für seinen Heimatverein in Pähl spielte, als sie die Euro holten.

Deutschland hat seitdem nichts mehr gewonnen.

Bis jetzt.

Und nun waren sie Weltmeister.

Er drehte sich um und strahlte seinen jüngeren Bruder an, der größer war als er, und er erinnerte sich, wie sie es bis hierhin geschafft hatten.

Den weiten Weg vom Hof ihrer Großmutter im Unterdorf von Pähl in Bayern, und später, als er vier Jahre alt war, gleich nebenan im Oberdorf, wo er umgeben von schönen Seen und Wäldern, einem richtigen Schloss und Kühen lebte.

Sogar die Kühe dort waren schön.

Ein Ort, in dem jeder jeden kannte.

Wo jeder freundlich war und einen unterstützte.

Und wo jeder verrückt war nach diesem herrlichen Spiel.

Kapitel 2 – Die goldene Mannschaft

FÜNF KÜHE, alle verschieden gescheckt, standen an dem Holzzaun aufgereiht und schauten dem vierjährigen Thomas Müller dabei zu, wie er den Ball die Straße hinunter kickte. Als er an ihnen vorbeikam, bewegten sie ihre Köpfe einmütig von links nach rechts, als ob sie einem Tennisspiel zuschauen würden. So sah es zumindest für ihn aus.

Sein Cousin Andreas, der sieben Jahre älter war als er und zwei weitere Cousins, Matthias, der zwei Jahre älter war und Thias genannt wurde, sowie Johannes, der drei Jahre älter war, lehnten an dem Zaun, nur wenige Pfosten entfernt von den Kühen und beobachteten mit großem Interesse, wie ihr jüngerer Cousin den Ball eng am Fuß führte und ihn von einer Straßenseite zur anderen hin- und herspielte, ohne zu stocken, ohne einen Fehler zu machen oder ihn im Gestrüpp neben der Straße zu verlieren. Sie waren alle größer als Thomas, wenn auch nicht viel.

«Sauber!», rief Thias.

«Wo hast du das denn gelernt?», rief Andreas.

«Von euch!», rief Thomas lachend zurück und alle Jungs mussten auch lachen. Er machte weiter und als er an dem gelben Ortsschild von Pähl ankam, nahm er den Ball auf und lief zurück. «Was geht? Was macht ihr Jungs hier?»

«Wonach sieht's denn aus?», fragte Andreas und forderte den Ball mit einem Fingerschnippen seiner rechten Hand.

Thomas gehorchte und warf ihm den Ball zu.

«Fang auf», fuhr Andreas fort. «Ich und du gegen diese beiden Loser!»

«He! Wen nennst du hier einen Verlierer?!», brüllte ihm Thias entgegen und tat so, als wäre er schwer beleidigt.

Er schnappte sich den Ball von Andreas, ließ ihn fallen und dribbelte mit ihm davon. Johannes rannte ihm hinterher und beide spielten sich den Ball nach vorne und nach hinten zu, während sie die Straße auf das Dorf zu liefen.

Thomas tauchte wie aus dem Nichts auf und

nahm ihnen den Ball ab. Als wüsste er schon, wo der Ball landen würde, noch bevor ihn Tias überhaupt zu Johannes schoss.

«Hey! Wo kam *der* denn her?!», sagte Johannes zu Thias, völlig überrascht.

«Ich bin der unsichtbare Mann!», erwiderte Thomas und rannte die Straße zurück zu Andreas.

«Hinterher!», schrie Andreas, setzte ihm nach, und als er ihn eingeholt hatte, versuchte er, ihm den Ball wieder abzuluchsen. Doch Thomas tunnelte ihn einfach. In diesem Durcheinander stolperte Thias über seine eigenen Füße und machte einen Radschlag ins Gebüsch neben der Straße.

Andreas lachte so laut, dass er beinahe vornüber fiel; gleich darauf blockte er Johannes und dieser Spielzug machte es Thomas möglich, vorbeizukommen.

Thomas hielt seine Augen auf das Tor gerichtet. Diesmal war es nicht das Garagentor auf dem Hof seiner Großmutter, dies war ein viel schwierigeres Ziel: das V in dem großen Baum, wo der Stamm gesplittert war, als der Blitz darin eingeschlagen hatte. Der große an der Straßenbiegung. Der geheimnisvolle. Er trat den Ball und er segelte durch die Luft und drehte sich genau in das V hinein, wo er stecken blieb!

Thomas riss beide Arme in die Luft.

«TOOOOOOOOR!!!»

Thias und Johannes trotteten zurück, leise über Thomas lachend, denn niemand sonst in der Famile oder in der Nachbarschaft war ähnlich versunken in das Spiel wie Thomas. Thias war von seinem Sturz von Staub bedeckt und als sie schneller liefen, fielen ihm Hände voll Stroh aus seinen Hosenbeinen.

«Das wirst du mir büßen, Kleiner!», rief Thias.

Thomas kicherte.

«Ich glaube, wir haben ihm zu viel beigebracht!», sagte Andreas und wandte sich an Thomas. «Das Trainingsgelände des TSV Pähl hat geöffnet, lasst uns auf einem richtigen Fußballfeld spielen.»

«Mit der Mannschaft!?», fragte Thomas.

«Wer weiß?», sagte Andreas. Er wandte sich von Thomas ab und verdrehte die Augen, dann ging er Seite an Seite mit Thias und Johannes die Straße rauf und ließ Thomas stehen.

«Hier», sagte Andreas, und ohne zu schauen warf er den Ball über seine Schulter. «Lass krachen.»

Thomas nahm den Ball mit der Brust an und ließ

ihn zu Boden fallen. Sein Fuß übernahm ihn und er dribbelte los. Alles, was er erkennen konnte, war eine Wand aus Jungs, die mit dem Rücken zu ihm standen. Und alles, woran er denken konnte, war, wie sehr sie ihn schlechtmachten, nur weil er jünger war. Darum schoss er Andreas den Ball an den Hinterkopf.

«Aua!», sagte Andreas, fuhr herum und blitzte seinen Cousin an.

«Ups! 'Tschuldigung, Andreas!», sagte Thomas. "Ich wollte eigentlich Thias treffen. Vielleicht, wenn ich ein bisschen älter bin.»

«Schon gut», sagte Andreas. «Komm her!»

Thomas kicherte und sprintete vor, reihte sich unter den älteren Jungs ein und zog stolz mit ihnen davon. Sie verschwanden hinter der nächsten Straßenbiegung, nah an einem Gebiet, auf dem die Bäume dicht an dicht standen und in der Ferne konnte man die Bayerischen Alpen sehen.

Minuten später hörten die Jungen das Johlen und die Trillerpfeifen, die Laute eines Spiels, und sie rannten den Rest des Weges zum Vereinsplatz des TSV Pähl.

Thomas liebte es, auf den Fußballplatz zu gehen.

Von der anderen Seite der Abzäunung hatte er bereits vielen Spielen zugeschaut und manchmal hatten seine Mutter und sein Vater sogar Eintrittskarten gekauft und sie konnten auf der Tribüne Platz nehmen. Das Gelände lag hinter einem hohen Maschendrahtzaun. Das Gras war dunkelgrün, kurz geschnitten und gut gepflegt. Die Linien und Markierungen für die Räume waren schnurgerade und die Tore waren in perfektem Zustand.

Der lange gepflasterte Gehweg, der zu dem weißen Gebäude der TSV Sporthalle führte, war verlassen und so konnten sie direkt auf das Spielfeld gelangen.

Vorne am Eingang stand unmittelbar vor dem Feld die alte Bretterbude mit dem großen Fenster. Alles war abgeschlossen. «Wo ist der Mann?», fragte Thomas. Er meinte den Mann hinter der großen Scheibe, der die Eintrittskarten verkaufte. «Müssen wir kein Ticket kaufen?»

«Heute nicht», sagte Andreas und die vier Jungen betraten das Gelände.

Auf dem Platz standen sich zwei Mannschaften mitten in einem Trainingsspiel gegenüber.

Die F-Jugend-Mannschaft mit den Achtjährigen gegen ihre jüngeren Gegner, alle in schwarz-gelb.

Andreas legte seinen Arm über die Schultern seines Cousins. «Was hältst du davon?»

Sie standen alle an der Seitenlinie des Mittelfeldes und sahen dem Übungsspiel zu.

«Sie sind alle älter als ich», murmelte er. «Viel älter.»

Andreas grinste. «Ich und Johannes und Thias, wir sind alle älter als du, aber du trittst uns bei jeder Gelegenheit, die du kriegen kannst, in den Hintern», sagte er. Diese G-Jugend-Bambinis sind nur drei Jahre älter. Ich glaube nicht, dass die eine Chance haben, wenn du gegen sie spielst.»

Thomas warf seinem Cousin ein Lächeln zu. «Gut, ich *bin* genauso groß wie sie.»

«Genau», meinte Andreas.

Der Schiri blies in seine Pfeife und das Training war beendet.

«Auf geht's», sagte Andreas. «Ich möchte, dass du jemanden kennenlernst.» Er lenkte Thomas über das Spielfeld hin zu dem Trainer, Peter Hackl. Er war mittelgroß mit dunklem Haar und einem Vollbart.

«Er sieht gemein aus», sagte Thomas, als sie auf Hackl zugingen.

«Nein, er ist sehr nett, keine Sorge», erwiderte Andreas. Er war aufgeregt und seine Stimme zitterte, als sie sich dem Trainer näherten.

«Das ist er», sagte er zu Hackel. «Thomas Müller.»

«Ah», sagte der Trainer.

«Warum ist er so ernst?», dachte Thomas.

«Thomas, das ist Trainer Hackl», verkündete Andreas. «Er hat einen Plan, über den er mit dir sprechen möchte.»

Peter Hackl stemmte seine Hände in die Hüften und blickte Thomas finster an.

Thomas wusste nicht, wie er reagieren sollte, also sah er genauso finster zurück.

Hackls Ausdruck milderte sich und er musste lächeln. «In welchem Jahr wurdest du geboren?», fagte er.

«1989», antwortete Thomas.

«Gut», nickte Hackl und wendete sich Andreas zu. «Erst mal sehen, wie er sich in einem Trainingsspiel mit der G-Jugend macht.»

«Wieso?», fragte Thomas. «Die sind zu alt für mich.»

«Ich werde ein Team mit Jungen wie dir zusammenzustellen, die 1989 geboren wurden.» Damit ging der Trainer los, drehte sich aber noch einmal mit einem Lächeln um. «Keine Sorge, Thomas. Ich weiß schon, was ich tue. Auf geht's.»

«Jetzt gleich?»

«Ja, *jetzt gleich!*», sagte Hackl.

Thomas rannte ihm hinterher und im Mittelfeld stellte Hackl ihn der G-Jugend-Mannschaft vor.

«Auf welcher Position spielst du?», fragte ihn einer der Jungen.

Thomas zuckte mit den Schultern. Er war vier Jahre alt und niemand hatte ihm diese Frage je gestellt. «Ich bin Stürmer. Aber ich kann auch Mittelfeldspieler sein oder Verteidiger oder sogar Torwart.»

«Sonst noch was?», fragte der Junge. «Wie sieht's mit Tischtennis aus?»

«Super!», erwiderte Thomas. Er war sich nicht sicher, warum alle lachten.

«Geh in die Mitte», sagte Hackl, während er den anderen Jungen zunickte und sich entfernte. Sobald er den Platz verlassen hatte, blies er in seine Trillerpfeife, und das Testspiel begann.

Zunächst kam Thomas nicht an den Ball. Er jagte ihm wie verrückt nach, doch die Kinder waren wirklich gut. Sie liefen nicht alle nur dem Ball hinterher, sondern passten ihn sich zu.

Und dann kam seine Chance. Im Mittelfeld nahm er einem Spieler den Ball ab, rannte in den Sechzehner und versenkte den Ball im Netz, indem er den Torwart täuschte, der in die andere Ecke abtauchte.

Hackl schaute aufmerksam zu. Er hatte schon einige Kinder spielen sehen und hatte ein Auge für Talente. Dieses Kind, Thomas Müller, war etwas Besonderes. Er war ein Naturtalent und er war schnell. Hackl kannte alle Kinder der Gegend, die Fußball spielten, aber sie waren alle etwas älter. Er schüttelte den Kopf. Andreas hatte nicht übertrieben. Der Junge war wirklich gut.

«Was meinen Sie?», fragte Andreas.

«Ich will ihn», sagte Hackl. «Er ist Gold wert. Er passt gut zu Seppi. Beide sind im gleichen Alter.» Seppi war ein weiteres talentiertes Kind, das Tore wie am Fließband schoss.

«Klasse», sagte Andreas. «Ich sag's ihm gleich.»

«Nein, das übernehme ich», sagte Hackl. Er

schob sich die Trillerpfeife in den Mund und beendete das Testspiel.

Alle Jungen wechselten zu ihm hinüber und umringten ihn. Hackl lächelte Thomas zu. «Ich muss mit deinen Eltern sprechen. Falls sie einverstanden sind, bist du dabei.»

Die Kinder klatschten den jüngeren neuen Spieler ab. Sie wussten, dass er gut war.

Josef Graf, den alle nur Seppi nannten, wendete sich Thomas zu.

«Ich bin Seppi», sagte er. «Wir sind gleich alt.» Er streckte Thomas seine Hand entgegen.

Thomas hatte das einmal bei seinem Vater gesehen, aber niemand hatte das bis jetzt bei ihm gemacht. Langsam reichte er seine Hand und die beiden Jungen schüttelten sie sich.

«Na, was sagst du jetzt?», fragte Andreas seinen Cousin. «Du bist drin!»

Thomas konnte es nicht glauben. Fest umarmte er seinen Cousin.

«Hey, bleib locker!», sagte Andreas, während er sich von Thomas löste.

«Wohin gehst du?», rief er.

Doch Thomas rannte bereits nach Hause. Er

wollte die Nachricht seinen Eltern mitteilen, seinem Bruder und seiner Großmutter. Er war überglücklich, denn er war eben ausgewählt worden, in einer richtigen Mannschaft mitzuspielen.

Seine Cousins rannten ihm nach, doch Thomas war schneller als sie und ließ sie in einer Staubwolke zurück. In Gedanken sah er sich im Mannschaftstrikot, wie er ein Tor nach dem anderen schoss, die Hände begeistert in die Luft riss und seine Familie ihm auf der Tribüne zujubelte. Sogar sein Großvater war da. Er liebte Fußball mehr als alles auf der Welt. Genauso wie Thomas.

Kapitel 3 – Oma Erna hatte einen Bauernhof

EINE WOCHE SPÄTER standen alle vierzig Kühe vor Burkharts Bauernhof in Pähl im Regen. Von Zeit zu Zeit streckten sie die Zungen heraus, um die warmen Regentropfen aufzufangen. Immer wieder schüttelten sie sich die Tropfen von ihren Rücken, was einen ziemlichen Lärm machte.

Es regnete so stark, dass Thomas zu Hause bleiben musste. Bedrückt saß er am Küchentisch und rollte seinen Fußball vor sich hin und her, während er dabei zusah, wie die Tropfen an den Scheiben der Küchenfenster herunterliefen.

Erna, seine Großmutter, stand in ihrer selbst genähten Schürze am Herd und kochte das Mittagessen. «Warum machst du so ein langes Gesicht, Schatz?», fragte sie, während sie Fleischpflanzerl in einer gusseisernen Pfanne zubereitete – oder Frikadellen, wie man anderswo dazu sagt.

Entsetzt fasste sich Thomas ins Gesicht. «Mein Gesicht ist in die Länge gezogen?» Er schrie auf vor Angst. «Schmilzt es etwa?» Er zog eine schreckliche Grimasse, konnte aber nicht lange ernst bleiben und brach schließlich in Gelächter aus.

Erna sah ihn an. «Das ist nur so eine Redensart. Du siehst traurig aus.»

«Oh», sagte Thomas und entspannte sich. «Uff! Mein Gesicht wird immer lang, wenn es regnet und ich nicht draußen spielen darf, Oma», antwortete er.

Erna zog eine Augenbraue hoch. «Dann spiel eben hier drinnen. Kein Fußballfreund mag den Regen. Hier, ich hab dir dein Lieblingsgericht gekocht: Fleischpflanzerl mit Kartoffelsalat.» Mit einer Hand hielt sie ihm einen Teller unter die Nase und mit der anderen lud sie drei Fleischpflanzerl und einen Klacks Kartoffelsalat darauf. Dann ging sie zurück zum Herd.

Thomas beugte sich über den Teller und atmete tief ein. Er liebte diesen Duft.

«Danke, Oma», sagte er, während er sich den Mund vollstopfte.

Erna sah ihm zu und runzelte die Stirn. «He, mach langsam, wozu die Eile?»

Thomas hörte für einen Augenblick auf zu kauen. «Ich habe gleich ein wichtiges Spiel.»

Erna zog wieder die Augenbraue nach oben. «Ein wichtiges Spiel? Gegen wen? Die Eichhörnchen?»

«Nein, gegen die Mäuse», witzelte er, «unten im Keller.»

Erna lachte. «Da unten gibt's keine Mäuse!», sagte sie, doch dann dachte sie einen Moment darüber nach und sah plötzlich besorgt drein: «Oder etwa doch?»

Thomas zuckte nur die Achseln, dann aß er seinen Teller auf und grinste. «Nein, da bin nur ich.»

Erna kicherte. «Na ja, in letzter Zeit war es hier sowieso viel zu ruhig.» Sie sah ihn lächelnd an. «Nun, dann werde ich auch deinen Eltern mal ein paar von den Fleischpflanzerln vorbeibringen. Glaubst du, sie mögen welche?»

«Klar! Dein Essen ist einfach das beste, Oma!»

Erna schmunzelte. Sie genoss diese Unterhaltungen mit ihrem Enkel, vor allem wenn sie etwas Leckeres gekocht hatte. «Du wirst es schön haben, sobald deine Eltern das neue Haus fertig gebaut haben. Dann kannst du in deinem eigenen Bett schlafen.»

«Aber mir gefällt es hier, Oma», antwortete er.

Erna lächelte in sich hinein. «Mir auch, mein Lieber», sagte sie, packte die Reste ein und legte sie in einen kleinen Korb. «Dein Vater meint, dass das Haus im Frühjahr fertig sein wird. Bis dahin hast du noch reichlich Zeit und wirst schon noch die Nase von mir voll bekommen.»

Thomas lachte. Er mochte ihre Art, Witze zu machen.

Er wischte sich den Mund ab, flitzte durch die Küche und stürmte die Kellertreppe hinunter, indem er immer zwei Stufen auf einmal nahm.

«Mach nichts kaputt», rief ihm seine Großmutter nach, aber er war schon weg.

Thomas schaute nach oben zur Türöffnung am Ende der Holztreppe. «Okay», sagte er, während er sich wieder zum Kellerraum umdrehte. An einer der Längsseiten stand ein Heizofen, gegenüber gab es knapp unter der Kellerdecke eine Reihe von Fenstern, die sich nach außen öffnen ließen. Seine Großmutter hatte ihm einmal erklärt, dass man früher dort die Kohlen hinuntergeschüttet hatte, um damit den Ofen zu füttern, der im Winter das ganze Bauernhaus geheizt hatte. Heute verwendete niemand mehr Kohle. Jetzt waren das ganz normale Fenster.

Zu beiden Seiten des aufgeräumten Kellerraums standen zwei Stoffsessel, die mit einer dicken Staubschicht bedeckt waren und als Tore dienten.

Thomas ließ sich den Ball vor die Füße fallen und schoss ihn gegen die Wand vor ihm, genau zwischen die Sessel.

RUMS!

Erna horchte. Und lächelte.

RUMS!

Da war es wieder.

Unten im Keller ließ Thomas den Ball von einem Fuß zum anderen wandern und stellte sich dabei vor, wie er seine Gegner umdribbelte.

«Toooor!» Er drehte sich wie ein Kreisel und warf sich dann rückwärts in einen der Sessel, sodass eine riesige Staubwolke aufwirbelte.

Oben lehnte Erna an der Wand neben der Haustür. Sie freute sich darüber, dass ihr Enkel es einfach nicht lassen konnte und dass er Fußball mehr als jeder in ihrer Familie liebte, sogar noch mehr als ihr verstorbener Mann, Gott hab ihn selig. Sie blieb noch ein Weilchen so stehen und hörte

dabei zu, wie der Junge unten im Keller spielte.
Doch dann bemerkte sie, dass es Zeit für sie war,
sich auf den Weg zu machen, und sie eilte zur Tür.
Gerhard, ihr Schwiegersohn, und Klaudia, ihre
Tochter, waren bestimmt schon hungrig von der
ganzen schweren Arbeit auf ihrer Baustelle.

«Okay, Thomas, das Spiel ist zu Ende!», rief sie.
«Wir müssen gehen.»

Das *Regentag-im-Unterdorf-Pähl-Keller-Pokalspiel*
wurde abgepfiffen. Oma Erna wollte es so.

Draußen waren die Straßen noch nass, doch
der Regen hatte aufgehört. Erna versteckte sich
unter ihrem Regenschirm, den sie unwillkürlich
aufgespannt hatte. Und Thomas hüpfte mit seinen
schwarzen Gummistiefeln in jede Pfütze, die auf
dem nur zwei Häuserblocks entfernten Weg zum
Oberdorf lag. Oberdorf hieß deshalb so, weil es
höher als das Unterdorf lag; nicht viel höher, doch
gerade so viel, dass es einen anderen Namen trug.

Das neue Haus der Familie war klein und
zweckmäßig und entsprach ganz der Art von
Thomas' Vater Gerhard, der als Ingenieur für BMW
in München arbeitete. Das Haus war etwas von
der Straße zurückgesetzt und seine Einfahrt war

frisch betoniert und abgesperrt, damit niemand darüber laufen konnte. Das Motorrad von Thomas' Vater parkte am Straßenrand. Gerhard trug einen gelben Regenmantel, der voller Gipsflecken war und stand auf einem niedrigen Baugerüst; mit einer silberfarbenen Kelle klatschte er den Verputz auf eine der Außenwände.

Thomas und seine Großmutter blieben dicht hinter ihm stehen. Thomas zog seine Schiedsrichterpfeife aus der Tasche und blies heftig hinein.

FWIIIIIIIIIIP!

Ganz erschrocken von dem Lärm rutschte Gerhard Müller auf dem Gerüst aus und bekam gerade noch das Geländer zu fassen.

«Mittagessen, Papa!», rief Thomas.

Als er seinen Sohn und seine Schwiegermutter sah, lächelte er. Er war groß und schlank, hatte kurz geschorenes helles Haar und blaue Augen.

Klaudia, Thomas' Mutter, bog gerade mit dem Kinderwagen um die Ecke des Rohbaus, und als sie ihre Mutter und ihren Sohn bemerkte, hielt sie an und ihre strahlenden blauen Augen blitzten. «Ausgezeichnet!», sagte sie. «Ich sterbe vor Hunger!»

«Hallo!» Gerhard lachte und sprang mit einem Satz über das Geländer auf die Erde. Er ging auf seinen Sohn zu und umarmte ihn.

Thomas warf einen Blick in den Kinderwagen. Sein kleiner Bruder war gerade eineinhalb Jahre alt und sah sehr süß aus. Thomas blickte seinen Vater an, streckte ihm die Arme entgegen und Gerhard hob ihn in die Höhe.

«Wie geht's dir, mein Sohn?», fragte er ihn.

«Prima! Ich hab jede Menge Tore geschossen», antwortete Thomas.

«Aber es hat doch den ganzen Tag geregnet – wo hast du gespielt?»

«Im Keller», erwiderte Thomas.

«Allein?» Seine Mutter strich ihm über den Kopf.

«Ja. Und ich hab gewonnen!», sagte er.

Alle lachten.

Thomas grinste. Es gab nur eines, was genauso gut war wie Tore zu schießen. Nämlich andere zum Lachen zu bringen.

Kapitel 4 – Schokolade & Comics

MIT SEINEM DREIJÄHRIGEN BRUDER an der Hand stürmte Thomas in den kleinen Laden der Bäckerei Scholz und kam vor dem Regal mit den Comics zum Stehen. Auch Simon blieb augenblicklich stehen. Thomas begann, die Hefte durchzublättern, während Simon, der viel kleiner war als er, die Titelseiten in den unteren Ständern beäugte.

Hinter der hohen Ladentheke sah ihnen Norbert Scholz, der Inhaber des Ladens, irritiert zu.

Im Radio wurde gerade der Vorbericht zum Viertelfinale der Fußball-Weltmeisterschaft übertragen. «Was machst du denn noch hier, Thomas? In einer halben Stunde fängt das Spiel an!»

«Das schaffen wir schon noch, Herr Scholz. Ich suche etwas Bestimmtes», sagte Thomas, ohne seinen Blick von den Comics zu nehmen.

Simon versuchte, sich von Thomas' Hand zu befreien, doch der hielt ihn fest.

Scholz wies mit dem Daumen in Richtung des Radios. «Deutschland gegen Bulgarien. Wird ein richtig gutes Spiel», sagte er.

Thomas schaute auf. «Bestimmt», erwiderte er und wandte sich wieder den Comics zu.

«Falls du das neue Micky-Maus-Heft suchst, dann tut's mir leid, das haben wir noch nicht reinbekommen. Aber wie wär's mit 'nem netten Lucky Luke oder 'nem Asterix?»

Thomas mochte beide, den Cowboy und den lustigen Gallier – aber wenn er wählen müsste, würde er sich immer für Micky Maus entscheiden.

«Ja, vielleicht, Herr Scholz», lächelte er. «Aber sind Sie sicher, dass Sie wirklich kein Micky-Maus-Heft hier haben?»

Norberts Frau Rosemarie tauchte aus dem Hinterzimmer auf. «Natürlich ist er sich nicht sicher», sagte sie und präsentierte eine neue Ausgabe von Micky Maus, die sie stolz wie eine Fahne vor sich her schwenkte. «Weil ich sie nämlich genau hier habe!»

Thomas' Augen leuchteten auf; er rannte vor

zur Theke, langte hoch und nahm ihr den Comic behutsam aus den Händen, als wäre er aus purem Gold. «Danke, Frau Scholz!»

«Den hab' ich für dich zur Seite gelegt, gleich als wir ihn bekommen haben», sagte sie zu Thomas und mit einem Seitenblick auf ihren Mann. «Herr Scholz hat nur Augen für französische und belgische Comics, denn die liest er selbst am liebsten.»

«Ich lese keine Comics», blaffte Norbert.

«Schon recht», sagte Rosemarie. «Jedenfalls interessieren ihn amerikanische Comics nicht besonders.»

«Gar nicht wahr, Rosie», wies er sie zurecht. Er beugte sich über die Ladentheke, um Thomas etwas zu mitzuteilen. «Das ist das Viertelfinale, Deutschland gegen Bulgarien, direkt aus dem Giants Stadion in Amerika. Es fängt gleich an», sagte er nachdrücklich. «Das sieht man nicht alle Tage.»

«Ja», sagte Thomas.

«Vielleicht gewinnen wir ja. Das wär' ein Ding. Jürgen Klinsmann ist wirklich ein überragender Spieler!»

«Ich weiß», antwortete Thomas.

Rosemarie zwinkerte Thomas zu. «Vielleicht

gewinnst du ja mal so ein Spiel für uns? Oder eins für die Bayern, Thomas?», fragte sie. «Ich hab gehört, dass du deine Sache beim TSV ziemlich gut machst.»

Thomas' Gesicht lief rot an. «Das haben Sie gehört?»

«Natürlich», sagte sie.

Knisternd schmetterte das Grölen der Zuschauermenge aus dem kaputten Radiolautsprecher.

Thomas starrte ihn an. Er sah sich selbst auf dem Spielfeld stehen. Er sah genau vor sich, wo jeder Spieler stand. Aber er sah auch, wo sie nicht standen. Genau wie auf der Straße oder auf dem Platz des TSV Pähl. Er wusste genau, dass es um den freien Raum ging – nur so schießt man Tore, dachte er.

«Was hältst du davon, Simon?», fragte er Thomas. «Wollen wir auch eines Tages bei der WM auflaufen? Du und ich?»

Simon lächelte zu seinem großen Bruder hinauf. Thomas gab Rosemarie die Schokolade und das Micky-Maus-Heft, das er kaufen wollte, und bezahlte. Sie steckte die Süßigkeit in eine Tüte und reichte sie ihm hinüber.

«Vielleicht werden mein Mann und ich uns eines Tages ein Spiel von dir ansehen, Thomas Müller. Wir warten immer noch auf eine Einladung», sagte Rosemarie.

Thomas lief rot an. «Hätte ich Sie einladen sollen?» Er schämte sich.

«War nur ein Witz», antwortete sie. «Aber wundere dich nicht, wenn du uns eines Tages wirklich auf der Tribüne siehst.» Sie gab ihm noch eine Tüte mit Semmeln. «Hier, für deine Mutter», sagte sie. «Ihre Bestellung. Die Brötchen hat sie schon bezahlt. Und jetzt marsch, den Hügel hoch zu eurem schönen neuen Haus. Er soll ja ziemlich geschickt sein, dein Vater. Muss er ja auch, wenn er sein Haus selbst baut.» Sie ließ ihre Gedanken schweifen.

«Das Spiel geht gleich los, Thomas», erklärte ihm Scholz. «Höchste Zeit! Das ist nämlich eine K.-o.-Runde!»

Thomas eilte aus dem Laden, die Tüten in der einen und Simon an der anderen Hand. Die Türglocke läutete noch, als sie längst draußen waren.

Das neue Haus war nicht weit entfernt. Auf

ihrem Weg teilte Thomas die Schokolade mit
Simon. Sie gingen langsam. Wirklich langsam. Es
gab Felder, Weiden und Kühe entlang ihres Weges,
die sie alle ablenkten, und als sie an der Haustür
ankamen, war die Schokolade aufgegessen und die
zweite Spielhälfte hatte gerade begonnen. Gerhard
saß auf dem Sofa und starrte wie hypnotisiert
auf den Bildschirm, ohne Thomas anzusehen.
«Deutschland führt eins zu null», sagte er. «Wo
wart ihr denn? Ihr wusstet doch, wann das Spiel
beginnt.»

«Entschuldigung, Papa», sagte Thomas und ließ
sich neben ihm aufs Sofa plumpsen. Simon warf
sich daneben.

«Ich hab bei Scholz ein paar Dinge besorgt.»

Gerhard nickte nur, ohne den Blick vom
Bildschirm zu nehmen. «Matthäus hat das Tor
gemacht», brummte er.

Eine halbe Stunde später, in der 76. Minute,
feuerte Bulgariens Nummer acht, Hristo Stoichkov,
gennant El Pistolero, der Revolverheld, einen
Gewaltschuss ins deutsche Netz und glich aus.

Gerhard entfuhr ein enttäuschter Seufzer und er
lehnte sich im Sofa zurück. «Was für ein Spieler!

Spielt für Barcelonas Traummannschaft», sagte er. «Sie hätten ihn besser decken müssen!»

«Unentschieden», sagte Thomas.

«Ja, aber wir können noch gewinnen, es bleibt noch genügend Zeit», meinte Gerhard. Kaum hatte er den Satz zu Ende gesprochen, stieß er einen verzweifelten Schrei aus: «Oh nein!»

Nur drei Minuten nach dem Ausgleich traf Bulgarien erneut.

«Was?» Thomas sprang auf.

«Sie haben noch eins gemacht», sagte sein Vater. «Ich kann's nicht fassen.»

«Wir werden verlieren», schrie Thomas.

«Nein, wir haben immer noch jede Menge Zeit», meinte sein Papa. Er wollte seine Hoffnungslosigkeit nicht zeigen.

Doch als der Schiedsrichter das Spiel abpfiff, konnte man hören, wie ein verzweifeltes Seufzen durch das ganze Land ging. Niemand hatte so etwas kommen sehen.

«Das nächste Spiel können wir wieder gewinnen», meinte Thomas.

«Für uns gibt es kein nächstes Spiel», erwiderte

sein Vater. «Wir müssen vier weitere Jahre bis zur nächsten Weltmeisterschaft warten.»

Gerhard war am Boden zerstört. Thomas spürte die Anspannung und wollte seinen Vater etwas aufmuntern. Er kicherte und wedelte mit dem Micky-Maus-Heft herum wie mit einer Fliegenklatsche. «Ich hab die neue Micky Maus!»

Gerhard versuchte zu lächeln und griff nach dem Comic. Als Thomas ihm das Heft gab, verzog er das Gesicht: «Das ist ja total klebrig!»

«Oh, entschuldige, Papa. Das ist Schokolade.»

Gerhard sah mit finsterem Blick auf seine verschmierte Hand. Dann blickte er seine Söhne an. Beide hatten das ganze Gesicht voller Schokolade.

Da musste er lachen.

Kapitel 5 – Schulzeit

NOCH BEVOR DIE SONNE AUFGING, legte Thomas'
Mutter ihm zurecht, was er in die Schule anziehen
sollte. Hosen, Unterhosen, T-Shirt, ein kariertes
Hemd, Strümpfe, Turnschuhe.

Thomas tat so, als würde er noch schlafen, und
beobachtete sie mit einem Auge. Seine Mutter
wollte, dass am heutigen Tag alles perfekt war.
Es war 1996 und Thomas' erster Schultag. Sobald
sie das Zimmer verlassen hatte, schnappte er sich
das karierte Hemd, eilte damit zum Kleiderschrank,
öffnete die mittlere Schublade, zog hastig das
Bayern-Trikot mit der Nummer 13 und dem
Namen Müller darauf heraus, stopfte das karierte
Hemd dorthin zurück und schloss die Schublade
wieder.

Seine Mutter saß am Küchentisch. Simon saß
neben ihr und schaufelte sich löffelweise Grießbrei
in den Mund. «Du wirst zu spät kommen, wenn du

dich nicht beeilst», rief sie ihm zu. «Eigentlich sollte ich dich an deinem ersten Schultag begleiten!»

Thomas war in seinem Bayern-Trikot bereits bis zur Haustür an ihr vorbeigeschlichen. «Kein Problem, Mama, mach dir keine Sorgen», rief er ihr zu, und schon war er zur Tür hinaus.

Klaudia lehnte mit verschränkten Armen am Küchenschrank. «Na gut, wenn du meinst», sagte sie eher zu sich selbst.

Bis zu seiner neuen Schule waren es nur wenige Schritte. Eigentlich lag in Pähl alles dicht beieinander. Die Kirche stand neben den Wohnhäusern, die Wohnhäuser neben dem Gemeindesaal, der Gemeindesaal neben den Läden, die Läden neben der Schule und die Schule lag neben dem Bauernhof.

Thomas interessierte sich mehr für den Bauernhof, der hinter dem Schulhaus lag, als für die Schule selbst. Dort stand ein riesiger Misthaufen, wo lauter Gänse herumflatterten und sich anschnatterten. Das Schulhaus war ein zweistöckiges Gebäude, das im Keller genau die gleichen Fenster hatte, wie die am Haus seiner Großmutter.

Thomas wusste bereits von seinen Cousins über seine neue Lehrerin Bescheid. Er hatte sie schon gesehen, bevor er das Klassenzimmer betrat. Ihr Haar war halblang und ihre Augen waren blau. Flink schrieb sie ihren Namen an die Tafel.

Schon winkte ihm Seppi zu, sein Freund und Mannschaftskamerad, und er setzte sich gleich hinter ihn. «Guten Morgen», flüsterte Seppi, «ich habe auf dich gewartet.» Für Thomas war es eine große Erleichterung, einen Freund in seiner neuen Klasse zu haben.

«Guten Morgen, alle zusammen. Mein Name ist Frau Hupfauf», sagte die Lehrerin. Sie hatte ihren Namen in Druckbuchstaben an die Tafel geschrieben und setzte einen eher unschönen Punkt dahinter, indem sie das Kreidestück förmlich in die Tafel bohrte. Dann wartete sie ab. Niemand sagte einen Ton. «Das ist die Stelle, wo ihr 'Guten Morgen, Frau Hupfauf!' sagen müsst», befahl sie, während sie sich umdrehte und ihren neuen Schülern zulächelte.

«Guten Morgen, Frau Hupfauf!», sagte die Klasse im Chor.

Sie nahm einen kleinen Stapel dünner Bücher

in knallbunten Umschlägen und schwenkte sie vor der Klasse. «Das sind eure Lesebücher im ersten Jahr», sagte sie. «Neben den üblichen Fächern wie Rechnen, Lesen und Gemeinschaftslehre werden wir außerdem ein Theaterstück in der Schule aufführen. Manche von euch werden darin sogar mitspielen. Ich weiß, das könnt ihr euch jetzt noch kaum vorstellen, aber mit der Zeit wird sich das sicher ändern. Keine Sorge, das wird nicht vor Ende des Schuljahres sein. Zuerst kommen Lesen und Schreiben und Rechnen dran.»

Thomas lächelte. Er war gut in diesen Fächern. Er konnte bereits lesen und rechnen und auf liniertem Papier schreiben. Er fand es cool, wie sie ihren Blick über die Klasse schweifen ließ, und als zu ihm sah, hielt er beide Daumen nach oben.

Frau Hupfauf hielt inne. Sie wusste nicht, wie sie darauf reagieren sollte, denn diese Geste kannte sie nicht. «Und wer bist du?», fragte sie mit prüfendem Blick.

«Ich bin Thomas Müller, Frau Hupfauf!», sagte er, sprang von seinem Stuhl auf und stand stramm da, während er sie mit seinem breitesten Lächeln ansah. «Der Fußball-Gott.»

Ihr dürrer Finger glitt über die Klassenliste und als sie seinen Namen fand, machte sie ein Häkchen dahinter. Als sie kurz aufsah und bemerkte, was er anhatte, lächelte sie. «Ja, das scheinst du tatsächlich zu sein», meinte sie dann.

Er stand noch immer da, in seinem glänzenden Bayern-Trikot mit der Nummer 13 von Gerd Müller.

«Nettes Trikot», sagte sie und fuhr fort, an die Tafel zu schreiben. «Ist Gerd Müller dein Lieblingsspieler?»

«Nicht mein allerliebster Lieblingsspieler, aber Mario Basler ist in der Wäsche», antwortete Thomas.

Sie lachte. «Ich kannte deinen Großvater. Er war ein großer Fußballfan», sagte sie. «So wie du.»

«Toll», dachte Thomas. Beim Fußballspielen auf der Straße hatte er von seinen Cousins und den älteren Jungen gelernt, dass es uncool war, seine Lehrer zu mögen. Doch was sollte man an ihr nicht mögen? Schließlich war sie Fußballfan. Und sie hatte seinen Großvater gekannt. Er war gestorben, bevor Thomas geboren wurde, und er kannte ihn nur aus Geschichten, die seine Großmutter von ihm erzählte. Als sein Großvater schon sehr alt und schwach war, hatte er tatsächlich einmal verlangt, dass man ihn vor den Fernseher setzte, damit er sich ein Bayern-Spiel anschauen konnte. Das war das letzte Spiel gewesen, das er sah, bevor er für immer einschlief, genau in jenem Stuhl. Bayern hatte das Spiel gewonnen. Thomas' Großmutter hatte ihm diese Geschichte schon viele Male erzählt. Genau genommen kannte so ziemlich jeder in Pähl diese Geschichte. Pähl war einer dieser Orte, wo jeder jeden kannte und wo Geschichten wie diese zu Legenden wurden.

Thomas empfand genau so für Bayern München. Es war seine Mannschaft und voller Stolz trug er ihr Trikot, von denen er ein paar besaß: von Basler, Matthäus, Scholl und von Müller natürlich. Er hasste es, wenn sie schmutzig wurden, denn das bedeutete, dass er sie nicht anziehen durfte – dabei wollte er sie doch jeden Tag tragen. Außerdem wettete er darauf, dass sein Großvater ihn gern in einem Bayern-Trikot gesehen hätte.

«Ihr wurdet alle in einer interessanten Zeit geboren», verkündete Frau Hupfauf der Klasse. «Wisst ihr auch, warum?»

«Weil wir so interessant sind?», meldete sich Thomas, und Seppi lachte laut auf.

Die ganze Klasse musste lachen, sogar Frau Hupfauf.

«Wirklich witzig, Thomas», sagte sie.

Thomas wurde rot.

«Jetzt werde ich *euch* mal eine Frage stellen. Sind wir hier, um herauszufinden, wie interessant jeder von euch ist – und ich bin mir sicher, das seid ihr alle! –, oder werden wir, unter anderem, ein bisschen Geschichte lernen?»

Niemand sagte ein Wort. Es war so still im Raum, dass man eine Stecknadel hätte fallen hören können.

«Ihr seid alle im selben Alter, das heißt, ihr alle wurdet im selben Jahr geboren, mit ein paar Monaten Unterschied», sagte sie, während sie in ihre Aufzeichnungen blickte. «Du, zum Beispiel, Thomas. Du wurdest am 13. September 1989 geboren. Zwei Monate später fiel die Berliner Mauer und in Deutschland brach ein neues Zeitalter an. Kann mir jemand sagen, was im darauffolgenden Jahr geschah?»

Seppis Hand schnellte nach oben.

Frau Hupfauf betrachtete ihn einen Moment lang. «Ja, Josef?»

«Wir haben die WM gewonnen. Deutschland gegen Argentinien, eins zu null.»

Frau Hupfauf lächelte. «Lass mich das nur etwas korrigieren, Seppi. Westdeutschland hat gewonnen. Zu diesem Zeitpunkt war Deutschland noch immer ein geteiltes Land. *Ost*deutschland und *West*deutschland. Noch im selben Jahr, am 3. Oktober 1990, wurde Deutschland zu einem einzigen Land wiedervereinigt.»

Die Schulglocke läutete zur Pause. Eines der Kinder holte einen Ball hervor. «Lasst uns spielen!», rief es und lief mit dem Ball hinaus. «Perfekt,» dachte Thomas. Er und Seppi rannten auf den Schulhof. Er konnte es gar nicht erwarten, Fußball zu spielen.

Kapitel 6 – Ballverliebt

AM NÄCHSTEN TRAININGSTAG LAG der Platz des TSV Pähl im Nebel, doch Thomas machte es nichts aus, ein bisschen nass zu werden. Schließlich ging er ja nicht zum Training, um trocken und sauber zu bleiben. Er ging dorthin, um Tore zu schießen und um mit seinen Mannschaftskameraden zusammen zu sein, vor allem mit Seppi.

Auf dem Platz machte die Mannschaft bereits ihre Aufwärmübungen. Thomas eilte über den kurz geschnittenen Rasen und reihte sich ein.

Hackl, ihr Trainer, warf ihm einen bösen Blick zu, weil er zu spät dran war. «Nett, dass du auch vorbeikommst, Müller.»

«Entschuldigung, Trainer, ich …»

«Das macht zehn Übungen zusätzlich», unterbrach ihn Hackl. «Das genügt», rief er dem Rest der Mannschaft zu und wandte sich wieder an Thomas. «Das wirst du doch schaffen?» Er

zwinkerte Thomas zu und machte ihm damit klar,
dass er es nicht allzu ernst meinte, und trabte dann
davon. Thomas stand allein im nassen Gras an der
Mittellinie; er machte seine Hampelmann-Übungen
und sah zu seinen Freunden hinüber, die nicht weit
von ihm entfernt in einer Reihe standen. Rasch
spulte er das Strafprogramm ab und sprintete dann
los, um zu den anderen aufzuschließen, zu dem
Kader der Gold-Jungen, die alle in interessanten
Zeiten geboren worden waren, wie ihre Lehrerin
meinte.

Hackl blies in seine Pfeife und alle Jungen
verteilten sich für ihre Aufwärmübungen auf dem
Platz. Später passten sie sich die Bälle in einer
Kreisformation zu, während ein Spieler in der
Mitte versuchen musste, den Ball abzufangen.
Sie arbeiteten an ihrer Passgenauigkeit, übten
Freistöße, Eckbälle und wie man eine Mauer bildet.
Aber worauf Thomas sich am meisten freute, war
das Trainingsspiel am Ende dieser Übungen. Als der
Trainer meinte, dass es endlich soweit wäre, teilten
sie sich in zwei Mannschaften auf und machten
ein kleines Spiel. In diesen Momenten war er am
glücklichsten.

Hackl machte es Freude, ihm dabei zuzusehen, wie er mit dem Ball über den Platz rannte, wie er jeden im Team umspielte und Tore schoss. Es sah so einfach bei ihm aus. Thomas genoss jedes seiner Tore und riss die Arme triumphierend in die Höhe.

Was Hackl sah, machte ihn mehr als zufrieden. Er verschränkte die Arme und als Thomas noch einmal traf, hob er eine Augenbraue. Nach seinem dritten Tor blies Hackl in seine Pfeife und winkte Thomas zu sich herüber.

Mit verschränkten Armen erwartete er Thomas, der auf ihn zugerannt kam.

«Was ist los, Trainer?»

«Auf die Bank, Müller!», sagte Hackl.

Thomas' Lächeln verwandelte sich in ein Stirnrunzeln. «Aber ... was hab ich getan?» Ihm war nach Weinen zumute. Er wusste, was er falsch gemacht hatte. Er hatte den Ball in Beschlag genommen. Auch seine Cousins hatten ihm das manchmal schon vorgeworfen, wenn sie zusammen spielten. Es war wirklich schwer für ihn, den Ball mit den anderen zu teilen. Was sollte daran schlecht sein, wenn niemand mithalten konnte und er die Chance bekam, ein Tor zu schießen?

Hackl gab ihm die Antwort auf seine Gedanken. «Fußball ist ein Mannschaftssport», sagte er. «Und damit meine ich nicht eine Ein-Mann-Mannschaft. Jetzt geh schon, ich geb' dir Bescheid, wenn du wieder reinkommen darfst.»

Thomas senkte den Blick und schlich ohne ein weiteres Wort davon. Während er über den Platz ging, starrte er auf den Boden, bis er die Bank erreicht hatte. Er warf sich auf die Bank und verschränkte beleidigt seine Arme. «Pah!», schnaubte er.

Das Training war schon fast zu Ende und Thomas war verzweifelt. Nichts war ihm wichtiger, als zu spielen. Da kam der Trainer um die Ecke und ging auf ihn zu. Thomas konnte ihm nicht in die Augen sehen. «Bereit, den Ball auch mal an deine Mitspieler abzugeben?»

Thomas machte keinen Mucks.

«Falls nicht», fuhr Hackl fort, «bleibst du draußen.»

Thomas' Gesicht lief rot an. Er war wütend, wusste aber, dass sein Trainer recht hatte.

Hackl musterte ihn kurz, dann drehte er sich um und ging davon.

Thomas sah auf. «Trainer, warten Sie!», rief er und stand auf. «Es tut mir leid.»

«Ich will keine Entschuldigung von dir hören, Müller. Du sollst nur wissen, was du draußen auf dem Spielfeld zu tun hast. Denk über deine Spielweise nach!», sagte Hackl.

Thomas erinnerte sich an das, was Hackl ihm über Ausreden gesagt hatte: dass sie mit Sportlichkeit nichts zu tun hätten und nur störten. «Ich muss mit meinen Mitspielern zusammenspielen. Ich kann nicht alles allein machen», antwortete er.

Hackl grinste ihn an. «Richtige Antwort. Und jetzt auf den Platz mit dir!»

Thomas nickte und eilte davon, um sich wieder seinen Mitspielern anzuschließen. Hackl war froh, dass er endlich zu ihm durchgedrungen war.

Ein paar Minuten später spielte Thomas den Ball zu Seppi und rückte in den freien Raum zwischen den gegnerischen Mittelfeldspielern vor. Seppi spielte ihm den Doppelpass von hinten genau an die Stelle, wo er frei stand und ein weiteres Tor schießen konnte.

Hackl kratzte sich am Kopf und drehte sich zu

seinem Assistenztrainer um. «Lernt schnell», sagte er. «Von mir hat er das nicht.»

«Er sieht gar nicht hin, wo die anderen stehen, nur dorthin, wo sie nicht stehen, um dann den freien Raum zu besetzen», meinte der andere Trainer.

«Ziemlich ausgereift», stellte Hackl mit einem Seufzer fest. «Wir sollten uns an ihm freuen, solange wir das noch können.»

Sein Assistent kicherte. «Nimmst du da nicht zu viel vorweg? Er ist erst sieben.»

Hackl schüttelte den Kopf. «Wir werden ihn so lange bei uns behalten, wie wir können. Doch dieses Kind wird seinen Weg machen.»

Lauter Jubel erregte seine Aufmerksamkeit. Thomas hatte gerade wieder ein Tor geschossen.

Als Thomas nach dem Training das Spielfeld verließ, wartete nicht seine Mutter auf ihn, sondern sein Vater, der neben ihrem Wagen stand und lächelte.

«Papa!», rief Thomas und fiel ihm in die Arme.

Gerhard Müller drückte seinen Sohn fest an sich, etwas verwirrt, denn sein Sohn zitterte in seinen Armen. «Was ist los?»

Thomas schaute zu seinem Vater auf und Gerhard sah, dass sein Gesicht voller Tränen war.

«Nichts», sagte Thomas.

Gerhard drückte ihn noch einmal. «Du kannst es mir ja auf dem Weg erzählen.»

Thomas wurde hellhörig. «Auf dem Weg? Auf dem Weg wohin?»

«Das soll eine Überraschung sein», antwortete Gerhard mit einem Grinsen.

Während der nächsten halben Stunde und den nächsten fünfzig Kilometern erzählte ihm Thomas alles über eigensinnige Ballverliebtheit und wie er deshalb auf der Bank sitzen musste, und er versuchte, dem Geheimnis seines Vaters auf die Spur zu kommen, doch Gerhard schwieg eisern. Sie gelangten nach München und bogen dort in die Säbener Straße ab. Vor ihnen lag ein bewachtes Eingangstor, hinter dem ein mehrstöckiges Gebäude stand, das aussah wie ein Legostein. Sein Vater hielt den Wagen vor dem Tor und nannte dem Pförtner seinen Namen.

«Willkommen beim FC Bayern, Herr Müller», sagte der Mann und ließ sie passieren.

Schlagartig wurde Thomas klar, dass sie sich vor der FC Bayern Jugend-Akademie befanden. Man musste sie erwartet haben, denn man hatte ja auch gewusst, wer sie waren.

«Was machen wir hier, Papa?», fragte Thomas, halb entsetzt.

«Hier ist jemand, den ich dir vorstellen möchte», antwortete ihm sein Vater.

Kapitel 7 – Das Autogramm

AUF DEM SPIELFELD war Thomas allen anderen immer um drei Schritte voraus. Für ihn war es das Natürlichste der Welt. Schon seit er fünf Jahre alt war, konnte er die Raumaufteilung auf dem Platz instinktiv deuten. Wenn er für den TSV Pähl spielte, war es genau das, womit er alle überraschte: jedes Mal wie aus dem Nichts im Strafraum vor dem Tor aufzutauchen. Er fragte sich nur, warum die Trainer so ein Theater darum machten. War es nicht genau das, was von ihm erwartet wurde? Viele Spieler machten das genauso. Alle seine Fußballhelden jedenfalls. Gerd Müller zum Beispiel. Von ihm hatte er sich das abgeschaut. Drei Bewegungen.

Ehrfurchtsvoll betrachtete er diesen Legostein mit Fenstern, die Jugend-Akademie des FC Bayern.

Er dachte an das, was er vorhin erst auf der Bank gelernt hatte. Dass es leicht war, den Ball nur für sich zu behalten. Und wie schwer es dagegen war, ein Mannschaftsspieler zu sein. Er ließ das Wagenfenster herunter und atmete tief durch. München war so anders als das Dorf, aus dem er kam, so riesig, alles schien in Bewegung und laut zu sein. Er stopfte das Müller-Trikot mit der Nummer 13 in die Hose, während sein Vater den Wagen parkte, und stieg dann aus.

Auf dem Platz standen sich die Mitglieder der zweiten FC Bayern-Mannschaft in einem Trainingsspiel gegenüber. Thomas rannte seinem Vater voraus, umklammerte den Zaun mit beiden Händen und beobachtete das Training der *richtigen* Spieler. Dann aber blieben seine Augen an dem Trainer hängen.

Er konnte es nicht fassen.

Das war Gerd Müller. Er schrieb gerade Autogramme.

«Das ist er!», sagte er mit zitternder Stimme zu seinem Vater.

«Ja, genau!», bestätigte sein Vater. «Der beste Stürmer aller Zeiten.»

Thomas nickte.

«Eines Tages könntest du für ihn spielen», sagte Gerhard zu seinem Sohn.

«Wirklich?»

«Ja», meinte sein Vater. «Wenn du fleißig trainierst, bestimmt.»

«Eins-zwei-drei», dachte Thomas. «Eins, um bereit zu sein. Zwei, um loszulaufen. Drei, um seinen Helden zu treffen.» Er zögerte, denn er war eingeschüchtert. Er war plötzlich so nah. Eine kleine Gruppe von Jungen sah von der Seitenlinie zu ihm herüber. Thomas kam sich so nervös vor wie ein Rennpferd, das auf die Trense biss, bevor das Rennen startete.

Sein Vater schob ihn durch das Tor. «Auf geht's», sagte er.

Thomas machte einen Satz, blieb dann aber stehen und drehte sich mit klopfendem Herzen noch einmal um. «Darf ich rennen, Papa?», fragte er.

Gerhard lächelte. «So schnell du kannst, mein Sohn!»

Thomas rannte los, noch bevor Gerhard zu Ende sprechen konnte, und raste dorthin, wo Gerd Müller Autogramme gab.

«Tut mir leid, Kinder, aber ich habe keine Karten mehr», sagte Gerd Müller und zeigte ihnen die leeren Handflächen.

Thomas stand da wie versteinert. Er war so enttäuscht, weil er zu spät kam.

Gerd Müller winkte zum Abschied und ging auf den Parkplatz zu.

Niedergeschlagen drehte Thomas um und schlurfte zu seinem Vater zurück, der neben der Tribüne auf ihn wartete.

«Was ist passiert?», fragte Gerhard.

«Ihm sind die Karten ausgegangen und dann ist er weggegangen», murmelte Thomas und ließ den Kopf hängen.

Gerhard sah zum Parkplatz hinüber, wo Gerd Müller gerade die Tür seines Wagens öffnete Dann drehte er sich zu seinem Sohn um. «Du gibst also auf?»

Thomas sah seinen Vater fest an und unterdrückte dabei die Tränen. «Nein», sagte er.

Gerhard legte seinem Sohn eine Hand auf die Schulter. «Schau: Er steigt in sein Auto. Geh rüber und erzähl' ihm, wie sehr du ihn bewunderst.»

Thomas' Miene hellte sich auf. «Wirklich?»

«Besser, du beeilst dich, bevor er losfährt.»

Thomas rannte, so schnell er konnte, auf den Parkplatz zu.

Müller hatte sich gerade hinter das Lenkrad seines Autos gesetzt, als Thomas angelaufen kam. «Herr Müller!»

Gerd Müller schaute hoch und ein Lächeln blitzte bei ihm auf, als er Thomas sah.

«I … ich … Sie … Sie sind mein Lieblingsspieler», stieß Thomas atemlos hervor.

Gerd Müller bemerkte, dass der Junge sein Trikot mit der Nummer 13 trug. «Wie heißt du, mein Sohn?»

«Thomas Müller!», platzte es aus Thomas heraus, er war so aufgeregt wie noch nie in seinem Leben.

«Müller, hm?», grinste Gerd. «Was du nicht sagst! Es müllert wieder!»

«Ja», erwiderte Thomas und hielt ihm sein Notizbuch und seinen Stift hin. «Kann ich bitte ein Autogramm haben?»

«Glück gehabt, dass du mich hier erwischt hast. Auf dem Platz sind mir die Karten zwar ausgegangen, aber hier ich noch eine ganze Menge davon.» Er zog eine Karte hervor, versah sie mit einer Widmung, unterschrieb und gab sie ihm dann zurück.

«Was spielst du, Thomas Müller?»

«Alles!»

Gerd Müller lachte und fuhr ihm durchs Haar.
«Nur so wirst du mal ein Großer! Aber immer
schön den Ball abgeben, ja? Auf dem Platz wartet
immer eine komplette Mannschaft auf deine Hilfe.»

Thomas klappte die Kinnlade herunter und
seine Augen wurden groß wie zwei Vollmonde im
August. «N … nein! Immer abgeben!»

«Prima, mach weiter so, Müller. Ich hoffe, wir
sehen uns eines Tages wieder hier.» Er drehte den
Zündschlüssel und startete den Motor.

«Herr Müller?» Thomas übertönte das Brummen
des Motors und Müller blickte ihn über das
Lenkrad an.

«Woher wussten Sie, dass ich so ballverliebt
bin?», fragte ihn Thomas.

Gerd Müller lachte abermals. Es war ein
herzliches Lachen, das Thomas ganz einnahm. «Das
wusste ich nicht», sagte er und legte einen Gang
ein. «Aber das geht allen großen Spielern so …
jedenfalls zu Beginn!»

Mit diesen Worten setzte er aus der Parklücke
zurück und fuhr davon.

Den Rest des Tages sahen Thomas und sein Vater den Mannschaften des FC Bayern beim Training und bei ihren Übungen zu. Erst als die Sonne bereits unterging, verließen sie das Gelände, und Thomas starrte fast den ganzen Rückweg lang auf die Autogrammkarte von Gerd Müller. Endlich hatte er eine richtige. Immer wieder erzählte er seinem Vater alles, jedes Mal anders, bis er mitten im Satz einfach einschlief.

Als Gerhard vor dem Haus stoppte, schlief Thomas so tief, dass er seinen Sohn hineintragen und ins Bett legen musste. Das Bett mit den FC-Bayern-Bettlaken und -Kissen. Er küsste seinen Sohn auf die Stirn und sah ihn an. Die Wände des Kinderzimmers waren voller Poster der Superstars des FC Bayern. Lothar Matthäus schaute von rechts auf ihn herab, Mehmet Scholl von links, Mario Basler von hinten und Gerd Müller von vorn. Gerhard löschte das Licht und schloss die Tür.

Kapitel 8 – Der Held, das Schloss & das Theaterstück

THOMAS, sein Vater, seine Mutter, sein Bruder Simon, seine Cousins und seine Großmutter drängten sich alle auf dem großen Sofa und schauten sich das Endspiel der Fußball-Europameisterschaft 1996 an, eine Live-Übertragung aus dem Wembley-Stadion in England. Deutschland gegen Tschechien. Es stand 1:1, fünf Minuten in der Verlängerung. Genau sechsundzwanzig Minuten zuvor war Oliver Bierhoff eingewechselt worden, der ihr einziges Tor zum Ausgleich geschossen hatte.

Thomas sprang auf. «Deutschland!», schrie er und fuchtelte wild mit seinen Armen. Dann geschah es: Oliver Bierhoff, der Stürmer mit der Nummer 20, brachte sich in Stellung, gedeckt von Miroslav Kadlec, dem Verteidiger. Jürgen Klinsmann schlenzte ihm den Ball zu. Bierhoff wirbelte einmal um Kadlec herum, nahm den Ball auf und schoss ihn mit dem linken Fuß in die rechte Seite des Netzes.

Tor!

Thomas sprang, so hoch er konnte. Alle im Zimmer waren auf den Beinen und jubelten, bis sie heiser waren.

Auf dem Spielfeld riss sich Bierhoff das Trikot vom Leib und schrie vor Freude.

Doch dann hob der italienische Linienrichter seine orangerote Flagge hoch, obwohl der Schiedsrichter keinen Fehler bemerkt hatte.

Der Trainer der Tschechen stand neben dem Linienrichter mit der orangefarbenen Flagge.

«Abseits?» Alle schrien auf.

«Abseits?», murmelte Thomas.

Im Wohnzimmer der Familie Müller wurde es still.

Thomas stöhnte, doch seine Großmutter machte nur «Schhhh!».

«Es muss Stefan Kuntz, der Stürmer, gewesen sein», meinte der Kommentator im Fernsehen.

Der Schiedsrichter lief zu seinem Linienrichter hinüber und schüttelte dann den Kopf: Nein.

Das Tor zählte.

Wieder war die ganze Familie auf den Füßen und kreischte vor Freude.

Deutschland hatte die Europameisterschaft gewonnen, dank Oliver Bierhoff und Jürgen Klinsmann.

Thomas zog den Kopf seines Vaters zu sich heran und gab ihm einen Kuss.

Ein paar Tage später hängte Thomas ein Poster von Oliver Bierhoff über seinem Bett auf, genau neben dem von Gerd Müller, und Bierhoff wurde somit in die «Mauer der Helden» in seinem Zimmer aufgenommen.

Thomas, der nicht nur viele Verwandte, sondern auch eine Menge Freunde in Pähl hatte, wachte an einem Samstag schon im Morgengrauen auf. Es war ein trainingsfreier Tag und es war auch kein Spiel vom TSV Pähl angesetzt. Thomas rannte den Hügel zum Hochschloss hinauf, wo er Philip Stauffenberg, seinen Freund und Vereinskameraden abholen wollte.

Der Weiher nahe beim Schloss war zugefroren und Thomas wusste, dass es ein Tag voller Spaß werden würde.

Das Hochschloss war um 1880 gebaut worden. Mit seinen festen Mauern stand es kaum hundert Meter über dem Oberdorf auf einem Hügel, inmitten eines dichten, grünen Waldes.

Ein wirklich stattliches Gebäude mit Mauertürmchen und Wehrtürmen, wie es sie früher oft in Bayern gab. Das kunstvoll geschmiedete Eingangstor lag am oberen Ende des Sträßchens, an dem Thomas' Eltern ihr neues Haus gebaut hatten. Dort oben vom Hauptturm aus konnte man nicht nur über das Oberdorf schauen, sondern auch über das Unterdorf und in alle Richtungen weit über das Land bis zu den Alpen. Wenn man dagegen von Pähl aus hinaufblickte, wirkte das Schloss höchst geheimnisvoll. Doch für Thomas und seine Freunde war es nichts anderes als pure Freude.

Thomas probierte einige Schritte auf dem zugefrorenen Weiher. Immer wieder war er davon beeindruckt, wie das Wasser zu Eis gefror, und er liebte dieses Eis unter den Kufen seiner Schlittschuhe.

Er holte mit seinem Hockeyschläger nach dem glatten Stein aus, der ihnen als Puck diente und der vor ihm übers Eis trieb, doch anstatt ihn in das behelfsmäßige Tor zu schlagen, stellte er sich damit selbst ein Bein.

RUMS!

Mit dem Kopf voraus fiel er der Länge nach hin und schlitterte über das Eis, genau auf Philip zu, den er so schnell auf sich zukommen sah, dass er seine Augen zusammenkniff und nur noch hoffen konnte, dass alles gut ausgehen würde. Dann knallte er mit Philip zusammen und stieß ihn um. Der Schwung schleuderte beide Jungen über die Eisfläche, bis sie in eine Schneewehe am anderen Ende des Weihers krachten. Kurz darauf tauchten ihre Köpfe aus dem frisch gefallenen Schnee auf, erst der eine, danach der andere; dann begannen sie zu lachen und spuckten jede Menge des weißen Zeugs aus. Ihre Augenbrauen waren mit Eiskristallen überzuckert, sodass sie aussahen wie Nikoläuse.

«Hoppla!», sagte Thomas und befreite sich aus der Schneehöhle. Philip, der noch immer im Schnee eingegraben lag, lachte so laut, dass sein Echo weit über den Weiher zu hören war. Thomas half ihm heraus.

Bettina Stauffenberg, eine Frau von auffallend klassischer Schönheit, sah den Jungen von der Dachterrasse aus zu, wie sie auf dem zugefrorenen Weiher Hockey spielten. Sie war die Schlossherrin.

Philip bemerkte sie als Erster. Er hatte die Eisfläche verlassen und saß nun auf einem Stein, um die Schlittschuhe auszuziehen. Thomas kurvte zu ihm hinüber und stakste über das matschige Gras dorthin, wo Philip saß.

«Deine Mama beobachtet uns», sagte Thomas.

«Ja», antwortete Philip. «Ich glaube, sie möchte, dass ich nach Hause komme.»

Die beiden Jungen liefen zurück zum Schloss. Philips Mutter war nicht nur die Bibliothekarin der örtlichen katholischen Kirchengemeinde, sie war auch die selbsternannte Geschichtsforscherin von Pähl. Jeder hier nannte sie Châtelaine, nach dem französischen Wort für Schlossherrin. Sie erreichten die Stufen, die zum Schloss führten, und Thomas schulterte seinen Rucksack und die Schlittschuhe.

«Hast du einen Ball dabei?», fragte ihn Philip.

Thomas klopfte leicht auf seinen Rucksack. «Ich bin doch nicht blöd!»

Philip schmunzelte.

Der Innenhof des Schlosses war als Fußballplatz perfekt geeignet. Im Sommer ein Riesenspaß, im Winter allerdings etwas gefährlich. Wegen des Eises. Thomas und Philip beschlossen, Eins-zu-Eins gegeneinander zu spielen. Thomas warf den Ball ein und sobald er aufsprang, kickte er ihn über Philips Kopf hinweg in den trockenen Springbrunnen an der nördlichen Schlossmauer.

Der hart gefrorene Boden mit seinen vielen Grasnarben im Innenhof war übersät mit gefährlichen Stellen von Glatteis und Philip schlitterte seitwärts darüber, als würde er einen Moonwalk tanzen und nicht dem Ball hinterherstürmen.

Ohne hinzufallen schaffte er es bis zum Steinbrunnen, angelte sich dort den Ball, ließ ihn in den Dreck fallen und jagte ihm hinterher, bevor er ihn wieder anstoßen konnte. Wie auf einer Rutsche kam Thomas angerauscht, nahm ihm den Ball ab und versenkte ihn mit einem Lupfer wieder im Brunnen.

Nach sechs solcher Treffer gab Philip schließlich auf.

«Jetzt reicht's!», rief er. «Kein einziges Tor lässt du mich schießen!»

«Da kann ich doch nichts dafür», antwortete Thomas.

«Stimmt, aber trotzdem könntest du mich ab und zu gewinnen lassen!», flehte Philip ihn an.

Thomas zögerte und sah seinen Freund an. «Hast recht, vielleicht sollte ich das wirklich tun. Aber du weißt doch, ich ... ich kann so was nicht.»

Philip nickte. Man müsste schon ziemlich verrückt sein, einen anderen einfach gewinnen zu lassen.

Es war höchste Zeit, nach Hause zu gehen.

Thomas sammelte seine Sachen ein und lief den gewundenen Weg hinunter zum Tor, durch das man nach Oberdorf gelangte und zu seinem Haus. Den ganzen Weg dort hinunter führte er den Ball eng an den Füßen, um an seinem Dribbling zu arbeiten.

Die Schule ging weiter, und Thomas wurde acht Jahre alt. Frau Hupfauf lief die Gänge zwischen den Pulten hoch und runter und teilte Klassenarbeiten aus. «Volle Punktzahl, Thomas», sagte sie. «Klassenbester.» Sie legte ihm die Blätter auf den Tisch. Ein paar Neidhammel hörte

man durch die Klasse blöken. Doch Thomas war
zufrieden.

Als sie alle Arbeiten zurückgegeben hatte,
holte sie Thomas nach vorn. «Ich habe Thomas
für die Hauptrolle in dem Theaterstück unseres
großen Komikers Karl Valentin ausgewählt. Nicht
nur deshalb, weil er dünn wie ein Zaunpfahl
ist – genauso wie Valentin – sondern auch, weil
er ständig Witze reißt und die Klasse stört – was
vermutlich nur seine Art ist, sich auf die Rolle
vorzubereiten.»

Thomas musste lachen, und die ganze Klasse mit
ihm. «Gute Wahl, Frau Hupfauf», meinte er. Noch
mehr Lacher.

«Aber wir brauchen eine Zweitbesetzung»,
verkündete sie. Niemand wusste, was das sein
sollte, eine Zweitbesetzung, also erklärte sie: «Das
ist jemand, der für Thomas einspringen kann, falls
er ausfällt. Ich habe da an deinen Cousin gedacht,
Stephan Gemander», sagte sie zu Thomas.

Stephans Augen wurden groß wie Untertassen.
«Ich … ich kann in keinem Theaterstück
mitspielen! Ich bin viel zu schüchtern!», klang es
von hinten aus dem Raum.

«Wir brauchen keinen Zwei-, äh, Sie wissen schon, was ich meine, Frau Hupfauf», sprang ihm Thomas zur Seite. «Das krieg' ich schon ganz allein hin.»

Stephan atmete auf und sackte erleichtert hinter seinem Tisch zusammen.

«Na gut», meinte Frau Hupfauf. «Das Stück heißt *In der Apotheke* und stammt aus einem Kurzfilm, den ein gewisser Hans Albin 1941 gedreht hatte. Darin wird Valentin von seiner Frau zur Apotheke geschickt.»

Lautes Gekicher war im ganzen Raum zu hören.

«Was findet ihr denn daran schon komisch?», fragte Frau Hupfauf in die Klasse.

«Sie finden es eben lustig, dass ich eine Frau habe …», klärte Thomas sie auf.

Jetzt musste auch Frau Hupfauf schmunzeln. «Na, jedenfalls geht er in diese Apotheke, weil er ein Medikament besorgen soll. Aber kaum dort angekommen, hat er schon vergessen, welches er eigentlich holen sollte, weshalb die Apothekerin ihn bittet, ihr doch einfach zu beschreiben, wie sich die Patientin denn fühle. Dann würde sie schon herausbekommen, welches Medikament er suche.

– Thomas, kannst du Karl Valentin spielen?», fragte sie ihn.

Thomas erhob sich. «Klar, kann ich das, Frau Hupfauf.» Und unvermittelt begann er laut zu husten und griff sich mit beiden Händen an die Kehle, dann stürzte er über Seppis Pult und riss ihn mit sich zu Boden.

Die Klasse brach in Gelächter aus.

Thomas schaute mit einem breiten Grinsen hoch. «Wie war ich?»

Frau Hupfauf verschränkte die Arme und lachte. «Für den Anfang nicht schlecht», meinte sie.

Kapitel 9 – Die Goldene Saison

UM VIER UHR am Nachmittag reinigte Thomas die
Umkleidekabine des TSV Pähl und räumte alles auf,
obwohl es noch eineinhalb Stunden bis zum Spiel
waren. Ein Mann, den Thomas nicht kannte, stand
in der Tür und schaute ihm schmunzelnd zu. Das
Trainingsgelände war menschenleer und auch der
Mann an der Tür war verschwunden, als Thomas
mit dem Ball in der Hand hinaus auf das Spielfeld
rannte. Er ließ den Ball auf den Rasen fallen und
dribbelte zehnmal über den Platz, indem er den
Ball von einem Fuß zum anderen spielte, nach
oben und unten, von einer Seite zur anderen.
Als er damit fertig war, warf er sich hin und
machte zwanzig Liegestütze. Dann kam eine tiefe
Kniebeuge dran. Danach nochmals neunzehn
Liegestütze und zwei tiefe Kniebeugen. So ging
das weiter, bis er nur noch einen Liegestütz und
zwanzig tiefe Kniebeugen gemacht hatte. Also

jeweils zweihundertzwölf. Er gab keinen Laut von sich, nur sein Atem und ein Ächzen waren zu hören.

«Beeindruckend!» rief der Mann, der ihn schon davor beim Aufräumen beobachtet hatte, von der Seitenlinie zu ihm herüber.

Thomas blickte auf. Er hatte den Mann noch nie gesehen. «Hallo», sagte er und streckte ihm die Hand entgegen. «Thomas Müller.»

«Hab schon von dir gehört», sagte der Mann und schüttelte die Hand des Zehnjährigen, ohne sie wieder loszulassen.

«Du bist früh dran. Ich bin Klapheck, der Trainer.»

«Ja, ich bin eben gerne gut vorbereitet, Trainer», erwiderte Thomas.

«Du kannst mich ruhig Dieter nennen», sagte Klapheck. «Junge, Junge, einen kräftigen Händedruck hast du», fügte er hinzu und sah auf seine Hand.

«Ich mach' ja auch eine Menge Liegestütze», antwortete Thomas.

«Ja, das ist mir aufgefallen», sagte Dieter.

Thomas grinste. «Danke für die Feststellung.»

Dieter lächelte breit. «Kann ich dich mal etwas fragen?»

«Natürlich», antwortete Thomas.

«Mir ist auch aufgefallen, dass du in der Umkleidekabine all das aufgeräumt hast, was vom letzten Training noch herumlag.»

«Ja», antwortete Thomas wieder.

«Wie kommt es dann, dass du so etwas zu Hause nie machst?»

Thomas machte große Augen. Er lief rot wie eine Tomate an und war ziemlich verlegen. «Wo- ... woher wissen Sie das?»

Dieter grinste: «So ist das eben in Pähl», sagte er mit einem Augenzwinkern. «Hier kennt jeder jeden. Und jetzt wieder zurück an die Arbeit, oder? Sonst fängt das Spiel noch ohne uns an.»

«Ja», sagte Thomas.

«Und danke, dass du so früh gekommen bist. Harte Arbeit zahlt sich immer aus.» Er ging davon, auf den Platz zurück.

Eineinhalb Stunden später war die Tribüne zur Hälfte besetzt und das Spiel in vollem Gange. Die Zuschauer sprangen auf und feuerten Thomas an, als er von der Mitte auf die linke

Spielhälfte wechselte, zwei Schritte vor seinen
Teamkameraden den Ball annahm und, gefolgt von
drei Gegnern, damit über den Platz jagte. Er schoss
den Ball genau zwischen den Händen des Torwarts
hindurch ins Netz: 1:0 in der sechsten Minute.

Noch immer standen die Zuschauer in den
Rängen und jubelten ihm jetzt laut zu.

Thomas erzielte insgesamt zehn Tore in diesem
Spiel und Pähl gewann deutlich. Und damit begann
für ihn die *Goldene Saison.*

Zu Beginn der Spielzeit sah man nur eine
Handvoll Dorfbewohner in den Rängen, die
meisten darunter waren die Familien der Spieler,
aber nach Thomas' sechzigstem Tor verbreitete
sich in Pähl die Nachricht von dem einheimischen
Jungen, der eine *Goldene Saison* spielte, und so
dauerte es nicht lange, bis die Tribüne bei jedem
Spiel voll besetzt war. Der TSV Pähl steuerte
auf die Meisterschaft zu und Thomas auf sein
einhundertzwanzigstes Tor.

Thomas' Familie saß bei jedem Spiel auf
der Tribüne: seine Mutter, sein Vater, seine
Großmutter und sein jüngerer, achtjähriger Bruder
Simon. Daneben seine Cousins, Andreas und all

die Freunde, mit denen er bei jeder Gelegenheit Fußball gespielt hatte, seit er laufen konnte.

In den Rängen waren auch Norbert Scholz, der Besitzer des kleinen Ladens und seine Frau Rosemarie mit ihrer Tochter zu finden. Jedes Mal, wenn Thomas traf, sprang der Ladenbesitzer auf, ein Micky-Maus-Heft in jeder Hand und wedelte damit wie mit Fähnchen durch die Luft. Auf dem Sitzplatz neben dem seinen hatte er einen kleinen Stapel mit Comics geparkt sowie einen kleinen Korb voller Schokolade, die er seinem Lieblingskunden und Lieblingsspieler nach dem Spiel überreichen wollte. Sogar das Schaufenster seines Ladens hatte er über und über mit Bildern von Fußbällen und Fotos von Thomas behängt.

Thomas bemerkte Herrn Scholz und schenkte ihm ein breites Lächeln.

Etwas weiter entfernt in der Reihe saß Bettina, die Mutter von Philip Stauffenberg, die den ganzen Weg den Hügel hinunter vom Schloss gekommen war, um ihrem Sohn und seinem besten Freund zuzuschauen. Auch seine Lehrerin Frau Hupfauf war da, die ihren Klassenbesten und Star des neuen

Theaterstücks sehen wollte. Sogar Margret Hager war hier, seine Kindergärtnerin, die ihn nie Fußball spielen ließ, nur weil das gegen die Ordnung verstieß – obwohl Thomas es schon damals mit jedem Jungen im Dorf aufnehmen konnte, selbst wenn der drei Jahre älter war als er.

In Pähl wusste jeder, was der andere so trieb, und jeder war verrückt nach Fußball. Und nach seinem Lokalmatador Thomas Müller.

Bald verbreitete sich in ganz Bayern die Nachricht, dass es irgendwo einen zehnjährigen Jungen bei einem TSV Pähl gab, der alle anderen überragte. In fast jedem Spiel traf er in zweistelliger Höhe. Jeder im Dorf kam mit seinen Freunden und der ganzen Familie, nur um ihn spielen zu sehen. Genau wie die Spielervermittler.

Die Saison 1998/99 begann beim TSV Pähl mit einem großen Knall, der ewig anzudauern schien und erst nachließ, als sie die Meisterschaft gewonnen hatten. Erzielte Tore: 175. Einhundertzwanzig davon schoss allein Thomas Müller. Und beinahe den Rest schoss Seppi.

Es war gegen Ende der Saison, als ein Talentsucher vom SpVgg Unterhaching etwas zögerte, als er die Sitzreihen hinaufging und neben einem Herrn Platz nahm, den er bereits kannte. Einem Talentsucher von 1860 München. Peinlich berührt nickten sie sich zu. Beide nahmen an, dass sie aus demselben Grund hier waren. Der Mann von 1860 zückte einen Notizblock und schrieb hastig etwas hinein. Der Talentsucher von SpVgg seufzte, und auch er zog sein Notizbuch hervor. Beide mussten lachen. Plötzlich räusperte sich jemand ganz in ihrer Nähe. Beide sahen gleichzeitig auf, als sich der Talentsucher von Bayern München neben sie setzte und ebenfalls ein Notizbuch hervorholte. «Nun, ich glaube, ich weiß, warum wir alle hier sind», sagte der Bayern-Scout.

Die Zuschauer jubelten. Thomas Müller hatte gerade ein weiteres Tor geschossen.

«Wegen ihm», sagte der Bayern-Scout und zeigte auf Thomas.

«Irre, wie gut er ist», sagte der Scout von 1860 München.

«*Wie* alt soll er sein?», fragte der Talentsucher von SpVgg Unterhaching.

«Gerade mal zehn», sagte der vom FC Bayern.

«Nicht schlecht», meinte der 1860 München-Scout. «Ist vermutlich schon so weit, in die D-Mannschaft aufzurücken.»

Der FC Bayern-Scout stand unvermittelt auf, als wollte er gehen. «Immer wenn sie in Pähl in der D-Jugend unterbesetzt waren, musste er bereits dort aushelfen.» Er wollte gerade gehen, doch um nicht zu kurz zu kommen, erhoben sich auch die anderen beiden und versperrten ihm den Weg. «Wozu die Eile, Jan?», zog ihn der Scout der 1860er auf.

Der Talentsucher der Bayern war Jan Pienta.

«Wartet Frau Pienta heute etwa mit einem besonders leckeren Abendessen auf dich?», scherzte Unterhachings Scout. Die Männer lachten, und rasch gingen sie in drei verschiedene Richtungen auseinander.

Alle drei umkringelten den Namen dieses Kindes.

Alle drei würden berichten, was sie hier gerade gesehen hatten.

Kapitel 10 – Schwierige Entscheidungen

EINIGE MONATE SPÄTER brach die Welt in ein neues
Jahrhundert auf, und Jan Pienta, der Talentsucher
des FC Bayern, stand auf der hölzernen Tribüne
und blickte von seiner Reihe aus fasziniert auf das
Spielfeld hinunter, wo Thomas Müller über den
Platz stürmte, den Ball zum linken Mittelfeldspieler
abspielte und dann zu verschwinden schien, um
genau in dem Augenblick wieder aufzutauchen,
als ihm der Ball in einen freien Raum vor dem Tor
zurückgeflankt wurde, der nicht größer war als eine
Telefonzelle. Er versenkte den Ball in der linken
Seite des Netzes und schoss damit das erste Tor für
den TSV Pähl im Halbfinale des Merkur-CUPs.

«Prima», murmelte Pienta und wollte sich gerade
setzen.

«Aua!»

Er sah sich um. Er hatte sich genau auf Norbert

Scholz gesetzt. Er sprang auf, als wäre er von einem wilden Tier gebissen worden. «Verzeihung!», stammelte Pienta. «Das tut mir furchtbar leid. Ich … ich habe Sie einfach nicht bemerkt.»

Scholz grinste und seine Frau lächelte dem Scout zu. «Sie hatten nur Augen für den Stürmer», sagte sie. «Das können wir ihnen nicht verübeln. Er ist ziemlich gut. Wir sind Freunde der Familie. Deshalb sind wir hier. Um Thomas zuzuschauen.»

Pienta lächelte. «Wie köstlich», sagte er. Von den beiden ging ein Duft nach frischem Brot aus, und als er sich neben Norbert setzte, glaubte er, direkt in einer Bäckerei gelandet zu sein.

Norbert streckte ihm die Hand entgegen: «Norbert Scholz. Wir haben einen kleinen Bäckerladen in Pähl.»

«Eine Bäckerei», sagte Pienta.

«Unter anderem», fügte Frau Scholz hinzu. «Thomas kauft bei uns immer seine Schokolade und seine Comichefte.»

Pienta gab ihnen die Hand: «Jan Pienta.»

«Der Bayern-Scout, ja, ich weiß», sagte Norbert mit einem Zwinkern und einem Achselzucken zugleich. «Erst neulich habe ich ein Bild von Ihnen in der Zeitung gesehen. Oh! Wie unhöflich von mir! Ich möchte Ihnen die Eltern von Thomas vorstellen, Klaudia und Gerhard», sagte er und erst dann nahm Pienta das Paar auf der anderen Seite wahr. Klaudia winkte ihnen zu. «Hallo», sagte sie, gerade als Simon sich nach vorne beugte und auch in sein Blickfeld kam. «Und das ist Thomas' jüngerer Bruder, Simon.»

Pienta nickte und lächelte in sich hinein, dann gluckste er: «Und ich dachte, ich wäre hier auf einem streng geheimen Einsatz unterwegs, um Ihren Sohn auszuspionieren», sagte er und schüttelte zuerst Klaudias Hand, dann die von Gerhard und schließlich die des kleinen Simon.

Die Zuschauer um ihn herum sprangen auf und jubelten wie wild; auch Pienta war aufgestanden, wusste aber nicht so recht, warum eigentlich.

«Er hat gerade wieder getroffen», erklärte ihm Norbert.

«Ich glaube, Sie bringen ihm Glück, Herr Pienta», sagte Gerhard.

Pienta lächelte und setzte sich wieder. Pienta leitete die Abteilung, die nach Talenten für die Jugendmannschaften des FC Bayern suchte und war deshalb vertraut mit den Fans der örtlichen Mannschaften. In München war die Jugendabteilung sein Bereich, und auch das Lego-ähnliche Gebäude, das Thomas vor ein paar Jahren auf dem FC Bayern-Gelände gesehen hatte, gehörte dazu.

Er hatte sich Thomas bereits am Ende seiner Spielzeit beim TSV Pähl angesehen, jetzt wollte er beim Merkur-CUP noch einen zweiten Blick auf ihn werfen.

Pienta spürte, dass er mit dem neuen Jahrhundert einen guten Start erwischt hatte. Er hatte ein gutes Gefühl, was er in diesem Jahr alles erreichen könnte und auch erreichen würde. Es gab zahlreiche Jungen aus ganz Bayern, die alle in dem Jahr geboren waren, das sich als das «goldene» erweisen sollte: das Jahr 1989. Jetzt, zehn Jahre später, waren sie in diesem neuen Jahrhundert soweit, für die D-Jugend zu spielen. Und Thomas machte den Anfang.

Vom Spielfeldrand aus fixierte Dieter den Mann auf der Tribüne, der sich gerade bei den Müllers aufhielt. Er erkannte ihn sofort wieder.

«Oh-oh», stammelte er und stupste Peter

Hackl an. «Schau mal, wer da auf einen Besuch vorbeigekommen ist.»

Hackl entdeckte ihn: «Das ist Pienta. Der Scout von den Bayern. Was will der denn hier? Haben wir irgend etwas richtig gemacht, sodass nun ein Wechsel bevorsteht?»

Dieter lächelte über diesen Witz, doch dann machte er ein langes Gesicht, als er begriff: «Ich fürchte, ja. Er wird hier sein, um Müller zu sehen.»

Hackl seufzte. «Nun ja, wir wussten doch schon immer, dass dieser Tag einmal kommen würde. Thomas ist ohnehin soweit, in die D-Jugend zu wechseln», sagte Hackl; er schaute über den Platz und dann zurück zu dem Mann auf der Tribüne. «Ich bin dankbar für die Zeit mit ihm. Es wird weh tun, ihn zu verlieren, aber … es ist sicher das Richtige.»

Jan Pienta drückte sich an Scholz vorbei und setzte sich neben Klaudia, die Mutter von Thomas, die ihm Platz machte. Da schoss Thomas ein weiteres Tor und schon sprang Pienta wieder auf. «Ich liebe seine Ausdauer. Er ist die ganze Zeit in Bewegung», sagte er zu ihr, woraufhin sie nickte. In diesem Moment ging ein Raunen durch die Menge und alle erhoben sich erneut. Pienta schaute erst in die eine, dann in die andere Richtung, dann machte er es wie alle anderen und stand auf, gerade als Thomas auf den Knien über die Spielfeldmarkierung geschlittert kam, nachdem er schon wieder getroffen hatte und der Rest der Mannschaft sich auf ihn warf.

«Acht Tore!» verkündete Simon mit geschwellter Brust. «Das war eben sein achtes Tor im Merkur-CUP!»

Wenige Minuten später war das Spiel beendet und über die Lautsprecher wurden alle Zuschauer gebeten, noch auf ihren Plätzen zu bleiben, denn jetzt würden die jungen Spieler beim Torwandschießen ihr Können zeigen.

Pienta war ziemlich aufgeregt. «Ich muss schon zugeben … Ihr Sohn hat das Zeug dazu …», versuchte er, Gerhard und Klaudia zu sagen: «Ich möchte ihn in unserem Nachwuchsprogramm bei den Bayern haben.»

Gerhard machte große Augen. «Das ist ja großartig!», sagte er und versuchte dabei seine Begeisterung zu verbergen.

Als der Talentsucher fort war, sah er seine Frau an. Sie schien überhaupt nicht glücklich zu sein.

«Was ist mit dir?» , fragte er sie.

«Also *ich* muss zugeben, ich … ich fühle mich nicht wohl dabei», sagte Klaudia. Sie hob eine Augenbraue und verschränkte die Arme. Ihr Gesicht verfinsterte sich.

«Was ist denn?», fragte er. Immer wenn sie so aussah, bedeutete das, dass sie sich Sorgen machte.

«Nach München hin und zurück – das dürfte für Thomas schwierig werden», meinte sie.

«Ja, schon richtig», sagte Gerhard, wusste aber nicht so recht, worauf sie hinauswollte.

«Und …?», fragte er weiter.

«Und … ich möchte ihn nicht gehen lassen», antwortete sie.

Ein paar Tage später stand Thomas nervös auf der Seitenbühne seiner Grundschule und wartete völlig überdreht auf seinen Einsatz. Er spähte durch den Vorhang und bemerkte, dass jeder Platz besetzt war. Allein seine Familie füllte eine ganze Reihe aus.

Er atmete tief durch.

Der Vorhang hob sich. Auf der Bühne war die gemalte Kulisse einer Apotheke zu sehen. Links stand ein hölzerner Tresen und dahinter ein Mädchen, das einen weißen Kittel trug. Aus dem Hintergrund hörte man eine Türglocke läuten. Dann kam Thomas' Auftritt, der schnurstracks auf die Apothekerin hinter ihrem Tresen zuging.

Gerhard, Klaudia und der Rest der Familie applaudierten.

«Guten Tag, mein Herr, Sie wünschen, bitte?», fragte die Apothekerin.

«Ich brauche ein Medikament für mein Kind», antwortete Thomas laut.

Simon kicherte und beugte sich zu seiner Mutter. «Er hat gesagt, dass er ein Kind hat», flüsterte er ihr zu; Klaudia stupste ihn mit dem Ellbogen an und mahnte ihn, still zu sein.

«Ja, mein Herr?», sagte die Apothekerin. «Welche Medizin brauchen Sie denn?», fragte sie ihn.

Thomas dachte einen Moment lang nach: «Isopropyl-propenyl-barbitursaures-phenyl-dimethyl-dimethyl-amino-pyrazolon», sagte er und machte dann eine Pause.

«Glaube ich, jedenfalls», sagte er.

Die Apothekerin sah ihn von der Seite an und die Zuschauer brachen in tosendes Gelächter aus.

Dieses Lachen half Thomas, all sein Lampenfieber zu vergessen und nun ganz in seiner Rolle aufzugehen. Der Rest des Einakters verlief ausgezeichnet. Die Apothekerin hatte noch niemals von einer solchen Chemikalie gehört und bat Thomas, er solle doch einfach beschreiben, was dem Kind fehle, woraufhin er einen lupenreinen Karl Valentin Slapstick aufführte. Das Publikum himmelte ihn dafür an. Seine Freunde und auch seine Familie hätten nie gedacht, ihn überhaupt oben auf einer Bühne stehen zu sehen, geschweige denn, dass er so gut spielte. Nach der Aufführung stand er vor der Aula, schüttelte die Hände der Fans aus dem Publikum und wurde von jedem einzelnen aus seiner Familie umarmt.

Obwohl jeder in Thomas' Familie wie auf glühenden Kohlen saß und auf Pientas Anruf wegen der Bayern wartete, war Thomas ganz auf die Finalrunde im Merkur-CUP in Markt-Schwaben konzentriert, einem oberbayerischen Städtchen, das keine 25 Kilometer entfernt von München lag. Das Bezirks-Halbfinale hatte seine Mannschaft zwar gewonnen, doch nun stießen sie auf Konkurrenten wie den SpVgg Unterhaching, den TSV 1860 München und sogar auf den FC Bayern München, und mehr als einen sechsten Platz konnte der TSV Pähl nicht erreichen. Den Titel gewannen die Bayern. Auf dem Platz zupfte Klapheck nach dem Spiel Hackl am Arm.

«Schau mal, wer da kommt», sagte er.

«Oh, ich glaub's nicht!», sagte Hackl. «Der Vater von Thomas.»

«Ob er uns wohl zum sechsten Platz gratulieren möchte?», fragte Klapheck mit einem ironischen Grinsen.

«Nein. Das glaub' ich kaum», meinte Hackl. «Ich glaube, es geht um etwas, das wir schon seit Langem auf uns zukommen sahen.»

Gerhard Müller kam auf sie zu und schüttelte ihre Hände.

«Vermutlich wissen Sie, warum ich hier bin», sagte er. «Sie haben gute Arbeit geleistet – mit der Mannschaft und besonders mit einem der jungen Spieler, mit dem mich etwas sehr Persönliches verbindet», alberte er.

«Abgesehen von Ihrem Nachnamen?», witzelte Hackl.

Gerhard lachte leise. «Es ist an der Zeit, meinen Sohn eine Stufe weiter zu bringen», sagte er und nickte in die Richtung von Thomas, der noch immer auf dem Platz stand. Hackl biss sich auf die Lippen. «Ich brauche seine Spielerlizenz.»

Hackl sah Klapheck an. Der Augenblick, vor dem sie sich gefürchtet hatten, war jetzt gekommen. Thomas Müller sollte zu den Bayern aufsteigen. Hackl sah auf seine Schuhe hinunter. «Wir werden sie Ihnen besorgen», sagte Klapheck.

«Und ich werde ihm die Nachricht überbringen», sagte Hackl.

Nach dem Spiel zog sich Thomas um, und als er die Kabine verlassen wollte, wartete Peter Hackl auf ihn. «Können wir uns 'mal sprechen?», fragte er.

Thomas war überrascht, ihn hier warten zu sehen. «Habe ich etwas angestellt?»

Hackl musste lachen und wuschelte ihm durchs Haar. «Immer wenn dich jemand komisch ansieht, glaubst du, dass etwas nicht stimmt. Du hast glänzend gespielt. Lass uns einen kleinen Spaziergang machen, danach kann deine Familie dich wiederhaben.»

Thomas lächelte und nickte ihm zu.

Kurz darauf drehten sie eine Runde um
den Platz. «Mein Traum für dich war – genau
genommen: all unsere Träume für euch waren,
dass ihr dieses Jahr alle zusammen in die D-Jugend
aufrücken würdet. Das geschieht eigentlich ganz
automatisch, solange man bleibt – und du zehn
Jahre alt wirst.»

«Ich steige also auf?» Thomas war ganz
aufgeregt.

Hackl suchte lange nach den richtigen Worten:
«Ja, Thomas. Du wirst eins aufrücken.»

«Pfundig!», warf er ein, noch bevor Hackl seinen
Satz zu Ende bringen konnte.

«Aber nicht bei uns.»

«Wie bitte?»

«Nein, du wirst uns verlassen. Und zwar, weil du
künftig für die Bayern spielen wirst.»

Als Thomas klar wurde, was ihm sein Trainer
da eben gesagt hatte, zögerte er einen Augenblick.
Hackl beobachtete, wie sich das Stirnrunzeln auf
dem Gesicht seines Wunderkindes allmählich in ein
begeistertes Lächeln auflöste.

«Wirklich?», fragte Thomas.

«Ich bin ein Trainer, der durchaus auf seinen

Vorteil aus ist, Thomas. Und daher wünschte ich, dass es nicht wahr wäre. Aber es ist wirklich so.»

Thomas atmete tief durch, dann umarmte er seinen Trainer so fest, wie er noch nie einen Menschen zuvor umarmt hatte. Auf dem Gesicht seines Trainers konnte er ablesen, dass dies gerade wirklich passierte. «Es stimmt! Ich gehe zu den Bayern! Ich kann's nicht fassen!» Er wischte sich die Tränen aus den Augen.

Diese Neuigkeiten wollte er schleunigst seinen Eltern erzählen.

Schon kamen seine Mutter und sein Vater die Tribüne hinuntergelaufen, gefolgt von Jan Pienta, dem FC Bayern-Scout, und schlossen zu ihnen auf. «Oh, Mama, ich kann's selbst nicht glauben, aber ich gehe zu den Bayern!», jauchzte er, drehte sich zu seinem Vater um und umarmte auch ihn. Danach nahm er Simon in die Arme, hob ihn in die Luft und wirbelte ihn herum.

«Nicht so schnell», sagte Klaudia und all die Freude verschwand aus Thomas' Gesicht. Und auch aus dem von Hackl.

«Er ist erst zehn Jahre alt. Er muss erst noch die Schule zu Ende machen und außerdem ist

München über fünfzig Kilometer weit weg. Er war noch nie allein fort von zu Hause», sagte sie.

«Ich kann Sie gut verstehen, Frau Müller», sagte Pienta zu ihr. «Auch wir haben darüber nachgedacht und deshalb möchte ich Ihnen einen Vorschlag machen. In Thomas' erstem Jahr bringen Sie ihn einmal pro Woche nach München, wo er für uns spielt. Den Rest der Woche kann er hierbleiben und weiterhin für den TSV Pähl spielen. Wir geben ihm Zeit, sich an die neue Mannschaft zu gewöhnen. Es ist mir klar, dass er die meiste Zeit hier in Pähl mit seinen Freunden verbracht hat und dass so ein Wechsel in eine andere Mannschaft und an einen anderen Ort ein Riesenschritt ist. Geben wir dem Ganzen ein Jahr und sehen einfach, wie es läuft. Wenn er dann noch möchte, kann er bleiben. Falls nicht, kann er alles Weitere selbst entscheiden.»

Klaudia konnte es kaum glauben. Dies war ein ebenso großzügiger wie gut überlegter Vorschlag, dachte sie. Sie sah Gerhard an. «Das klingt zu schön, um wahr zu sein», flüsterte sie ihm zu, doch laut genug, dass Pienta sie hören konnte und schmunzeln musste.

«Ein wirklich gutes Angebot», bemerkte Gerhard.

Pienta nickte. «Wir wollen ihn wirklich. Doch für uns bedeutet die Familie mehr als alles andere. An einem kurzen Gastspiel sind wir nicht interessiert. Was wir wollen, ist die Langstrecke», sagte er.

Gerhard drehte sich zu Thomas um. «Was meinst du?»

«Also nur einmal die Woche?» Er klang enttäuscht. «Mit dem Zug?»

«Ja», sagte Pienta. «Aber du wirst für die D-Jugend-Mannschaft spielen, die wir gerade ganz neu aufstellen und du wirst dich auch für unsere Spiele bereithalten müssen.»

Thomas ließ ein Lächeln aufblitzen. «Ja!»

Klaudia sah, wie glücklich Thomas war und hakte sich bei ihrem Mann unter. Dann streckte sie Pienta ihre rechte Hand entgegen: «Abgemacht!»

Und damit war beschlossen, dass Thomas zu den Bayern gehen würde.

Später am Abend fand sich die komplette Familie zu einer Art Fest bei den Müllers ein.

Alle am Tisch spielten Karten. Thomas sah zu seinem Spielpartner Simon hinüber und beide stimmten ihre Karten aufeinander ab. Dann wandte er sich den anderen zu: «Schneider!», rief er aus und knallte seine Karten auf den Tisch. Sie spielten eines ihrer Familienturniere, Thomas' Lieblingsspiel, *Schafkopf,* und gerade hatten er und sein Partner die nötigen 31 Punkte erreicht, um einen Stich zu machen. Das Wohnzimmer war zum Bersten voll mit allen aus der Familie, die an einem langen Tisch aufgereiht saßen, der von einer Seite des Zimmers bis zur anderen reichte. Alle waren sie da, Brüder und Schwestern, Tanten und Onkel sowie die Cousins – fünfundzwanzig insgesamt. Einige schauten dem Spiel nur zu, doch jeder von ihnen war mit ganzem Herzen dabei.

Mit einem Stöhnen ließ Gerhard sein Blatt auf den Tisch segeln. «Die Jungs sind zu gut für uns!»

«Dann habe ich eine bessere Idee», sagte Klaudia und kam ihm aus der Küche zu Hilfe. Sie trug Tabletts voller Speisen hinein, gefolgt von ihrer Mutter, die ein weiteres hinterher brachte.

«Das Essen ist fertig. Es kommt schließlich nicht jeden Tag vor, dass einer aus der Familie Müller beim FC Bayern spielt!»

Alle stießen auf Thomas' verstorbenen Großvater an.

«Ich wünschte, er könnte das jetzt miterleben», sagte seine Großmutter sichtlich aufgewühlt. «Dort oben im Himmel ist er dermaßen stolz auf dich», sagte sie.

«Ich schwöre, dass ich ihn nie enttäuschen werde», sagte Thomas und nahm seine Großmutter in den Arm. «Ich werd' jede Menge Tore schießen. Für die Bayern. Und für ihn.»

Sie umarmten sich und alle ließen ihn hochleben.

Kapitel 11 – Die Bayern-Jugend

THOMAS TRAT AUS DER HAUSTÜR und ging auf
das Auto zu, wo seine Mutter schon hinter
dem Steuer auf ihn wartete. Sie wollte ihn zur
Nachwuchsmannschaft der Bayern fahren, mit der
er jede Woche trainieren sollte. Der Platz lag nur
etwas mehr als 50 Kilometer entfernt, aber ihm
kam es so vor, als würde er sehr weit weg von
hier gehen.

Das Trikot mit der Nummer 13 hatte er schon
getragen, seit er fünf Jahre alt war und davon
geträumt, einmal für die Bayern zu spielen, hatte
er solange er denken konnte.

Und jetzt war er da, der große Tag.

Er öffnete die Wagentür und seine Mutter sah
ihn an.

«Bereit, um für die Bayern zu spielen?!»

Thomas zeigte ein breites Grinsen.

«Bereit!», sagte er aufgeregt.

Eine Stunde später hielt Klaudia den Wagen vor dem Jugendhaus der Bayern an. Schnell öffnete Thomas die Tür, schnappte sich seine Trainingstasche, sprang aus dem Auto und eilte um es herum bis zum Fenster der Fahrertür. Seine Mutter sah besorgt drein. «Was ist los?», fragte er sie.

Klaudia atmete tief durch. «Alles gut, Schatz. Es ist nur das erste Mal, dass du so weit weg bist. Ohne uns.»

«Ist doch nur einmal die Woche», antwortete er.

Klaudia versuchte zu lächeln.

Thomas umarmte sie durch das offene Fenster. «Bis heute Abend», sagte er.

Klaudia nickte. «Bis heute Abend.»

Eine halbe Stunde später stellte er sich mit den anderen aus seiner Mannschaft auf dem Rasen auf. Hastig reihte er sich neben einem Jungen ein, der in seinem Alter war, rotblondes Haar hatte und nur ein wenig kleiner war als er selbst. Der Junge sah ihn an und streckte seine Hand aus. «Viktor», sagte er. «Viktor Bopp.»

Thomas nickte – er war zu Tode erschrocken, versuchte aber, es zu verbergen. «Thomas», brachte

er gerade noch heraus. Viktor sprach mit einem
fremden Akzent und als er sah, wie Thomas zu
grübeln schien, half er ihm weiter: «Ich komme
aus der Ukraine. Da ist er übrigens», flüsterte
er und machte mit seinem Kopf eine Bewegung
in Richtung Jugendhaus, von wo ein stämmiger
Mann mit roten Haaren und einem Bart auf sie zu
marschierte.

«Wer ist das?», gab Thomas mit einem Flüstern
zurück.

«Unser Trainer», tuschelte Viktor. «Heiko Vogel.»

Mit breitem Grinsen stellte sich Vogel vor den
Jungen auf. «Ich liebe dieses Spiel», sagte er.

«Und ihr?»

Alle Jungen nickten sofort, um zu bestätigen,
dass auch sie dieses Spiel mochten.

«Wollt ihr mal etwas Komisches hören? Jeder
von euch spielt besser, als ich es jemals konnte oder
es jemals können werde. Und ihr seid erst zehn
Jahre alt!»

Von den Jungen bis zum Trainerstab lachten alle.

«Das ist wohl der Grund, warum ich nicht als
großer Spieler bei den Bayern gelandet bin, so wie
ihr. Oh, ich habe nicht schlecht gespielt. Aber

nicht gut genug. Doch um Sportwissenschaften zu studieren hat es gereicht.» Er wartete einen Augenblick. «Und dafür – wenn man all das zusammenbringt –, dass wir gewinnen werden.»

Die Jungen jubelten.

Thomas fand ihn ziemlich cool.

«Also, auf geht's!», sagte Vogel, blies in seine Trillerpfeife und zum ersten Mal betraten die Jungen zusammen den Platz.

Etwas später machten sie ein kleines Trainingsspiel.

Thomas bemerkte, dass Viktor nie genau dort war, wo er sein sollte, wenn er ihm einen Pass zuspielte.

«T'schuldigung», stieß Viktor, ganz außer Atem, hervor.

«Schon okay – behalte mich einfach nur im Auge», sagte Thomas, und mit seiner Hilfe verbesserte sich Viktor schnell.

Vogel sah interessiert zu, dann verschob er Thomas auf eine Position weiter vorn, behielt Viktor im Mittelfeld und stellte Stephan Fürstner und Mats Hummels zur Seite. Er wollte sie richtig einschätzen, herausfinden, wo ihre Stärken und wo ihre Schwächen lagen. Aber vor allem wollte er ihre Spielintelligenz testen.

Für die Spieler hieß das, wieder ganz von vorn zu beginnen und vieles davon wieder zu vergessen, was sie bereits geglaubt hatten, über Fußball zu wissen.

Dies war erst ihr erster Tag.

Gerhard wartete im Wagen, als Thomas auf ihn zugestürzt kam. Es war Zeit, wieder nach Hause zu fahren. Er stieg ein und schloss die Tür. «Wie lief's?», fragte ihn Gerhard.

Thomas grinste. «Ich kann die nächste Woche kaum erwarten.»

In dieser Nacht machte Thomas kein Auge zu.

Im Laufe des nächsten Jahres wurden Thomas, Holger und Mats auf dem Platz unzertrennlich, und unter Vogels Führung perfektionierten sie ihr Spiel. Doch sein liebster Trainingspartner war vor allem einer: Viktor Bopp. Thomas war alles andere als zaghaft, wenn es darum ging, in einer neuen Mannschaft und mit lauter neuen Teamkameraden zu spielen. Kopfüber stürzte er sich auch hier hinein, so wie er das immer in seinem Leben tat.

Deshalb kam ihm dieses Training, das nur einmal in der Woche stattfand, wie eine Ewigkeit vor. Klaudia fuhr ihn nach der Schule hin und sein Vater Gerhard holte ihn nach der Arbeit am frühen Abend wieder ab. Thomas mochte es, wenn er mit seinem Vater nach Hause fuhr, weil sie sich dann immer lange über Fußball unterhalten konnten.

Thomas war klar, dass sie bald entscheiden mussten, ob er bei den Bayern bleiben sollte oder nicht. Er wollte gar nicht darüber nachdenken, dafür machte es ihm einfach zu viel Spaß und wirklich gute Freunde hatte er dort auch gefunden.

Als er eines Abends mit seinem Vater vor dem Fernseher saß und sie sich ein Fußballspiel anschauten, klingelte das Telefon. Thomas sah seine Mutter besorgt in der Küche stehen, den Hörer in der Hand.

«Was ist los, Mama», rief Thomas, der fürchtete, es könnte sich um schlechte Nachrichten handeln.

Klaudias Augen wanderten zu ihrem Ehemann und blieben dann auf Thomas gerichtet. «Nichts Schlimmes, mein Sohn», sagte sie und hielt ihm das Telefon hin.

Thomas stand auf und ging in die Küche, wo er nach dem Hörer griff. Er hielt ihn an sein Ohr, hatte aber Angst, einen Ton zu sagen und stand deshalb nur schweigend da.

«Sag etwas», meinte Klaudia.

«Hallo?», fragte Thomas in den Hörer. Und als der andere sprach, hörte er nur zu.

Es war der Leiter der Jugendabteilung von 1860 München, dem anderen Münchner Bundesligaverein.

«Wir möchten, dass du bei uns spielst, Thomas», sagte der Mann am Telefon zu ihm.

Thomas sah zu seiner Mutter hinüber und dann zu seinem Vater, der gerade mit seinem Bruder Simon hereinkam. Sie starrten ihn an und warteten darauf, dass er etwas sagte. «Die Blauen», flüsterte er, während er den Hörer mit einer Hand zuhielt, so dass der Mann am anderen Ende der Leitung ihn nicht verstehen konnte. «Die Blauen» wurden so genannt, weil ihr Heimtrikot blau-weiß gestreift war. «Sie wollen, dass ich für sie spiele.»

Gerhard sah Klaudia an und Klaudia Gerhard.

In der Küche entstand eine Stille, die beinahe hörbar war. Nur das Geräusch des jubelnden

Publikums war aus dem Fernsehapparat noch zu hören.

«Was wirst du ihnen sagen?», fragte ihn Gerhard.

«Meinst du nicht, dass er noch viel zu jung ist, um solche Entscheidungen zu treffen?», warf Klaudia ein.

Thomas sah seine Familie an und machte ihnen mit den Augen ein Zeichen, still zu sein. Dann nahm er das Gespräch wieder auf. «Es tut mir leid, aber ich spiele bereits für den FC Bayern», sagte er.

Es entstand eine lange Pause und Thomas hörte nur zu, dann legte er den Hörer auf.

Und sagte keinen Ton.

«Und?», fragte ihn Klaudia. «Was hat er geantwortet?»

«Er dankte mir nur für das Gespräch und wünschte mir alles Gute.»

Klaudia und Gerhard sahen sich lächelnd an. «Wir sind ganz schön stolz auf dich, mein Sohn», sagte Gerhard, und seine Mutter umarmte ihn.

«Cool, Tom», meinte Simon und fiel ihm auch in die Arme.

Auch Thomas war stolz auf sich. Denn zum ersten Mal in seinem Leben fühlte er sich richtig erwachsen.

Am letzten Tag seines ersten Jahres bei den Bayern
wartete Heiko Vogel schon auf ihn, als Thomas
nach dem Training vom Platz lief. Das war an
einem Freitag. «Wir müssen miteinander sprechen.»

Gemeinsam gingen sie um den Platz herum,
immer an der Seitenlinie entlang.

«Tom, ich weiß nicht, ob dir bekannt ist, dass
ich früher einmal einem Komitee bei den Bayern
angehört habe. Damals hatten wir von dir gehört
und einstimmig beschlossen, Jan Pienta zum TSV
Pähl zu schicken, um dich zu beobachten.»

Thomas war überrascht. Und ergriffen. Das war
eben so ziemlich das Netteste, was jemals jemand
über ihn gesagt hatte. «Wissen Sie, welcher Tag
heute ist, Trainer?», fragte er.

Vogel sah Thomas lächelnd an: «Freitag?»

«Nicht nur», sagte Thomas. «Das ist auch der
letzte Tag in meinem ersten Jahr.»

«Oh, wirklich?», Vogel tat so, als wüsste er das
nicht. «Ich war viel zu beschäftigt, um daran zu
denken.»

Thomas lachte. Er sah den Leuten gerne in die
Augen. Seine Großmutter sagte immer, sie seien
die Fenster zur Seele eines Menschen und daher

sei es wichtig, nie den Augenkontakt zu verlieren. Deshalb wusste er auch, warum ihm sein Trainer all das mit dem Komitee und dem Scout erzählt hatte: Er wollte, dass er bleibt. In diesem Moment spürte er, dass er gebraucht wurde und war stolz darauf, jetzt ein Mitglied in diesem Verein zu sein. «Jedenfalls wollte ich Ihnen nur mitteilen, dass ich bleiben werde.»

Vogels Augen leuchteten auf. «Bist du dir sicher?»

«Versuchen Sie nicht, mich davon abzubringen, Trainer», sagte Thomas. «Mein Großvater würde es mir nie verzeihen, wenn ich für irgendein anderes Team spielen würde.»

Vogel lachte. «Ich habe es deinem Vater bereits am Telefon gesagt, und jetzt sage ich es dir: Du wirst einmal Profi werden. Und du wirst mit Fußballspielen Geld verdienen. Ich kann dir gar nicht ausdrücken, wie glücklich mich es macht, dir das zu sagen.»

«Und ich bin froh, dass Sie es auch mir gesagt haben», witzelte Thomas.

Vogel lachte wieder. «Dann sehen wir uns also am Montag.»

«Ja, bis Montag.» Er schüttelte Vogels Hand.
Der Teamchef ging davon und ließ ihn allein
auf dem Platz zurück. Thomas sah sich um,
dann schloss er die Augen. Er stellte sich seinen
Großvater vor, wie er in seinem abgetragenen
Bayern-Trikot auf der Tribüne aufsprang und
jubelnd herumhüpfte wie ein junger Mann.
Wie er wie wild jubelte. Ihm zujubelte.

Kapitel 12 – Züge & Spielzüge

DIE MÜLLERS MUSSTEN EINE ENTSCHEIDUNG FÄLLEN. War Thomas schon alt genug, um ganz allein mit dem Zug zu den Bayern und wieder zurückfahren zu können? Sie beschlossen, mit einer Abstimmung in der Familie darüber zu entscheiden.

«Alle, die dafür sind, es Thomas zu erlauben, mit dem Zug zu den Bayern zu fahren, heben die Hand», rief Klaudia und sah in die Runde. Alle am Esstisch hatten ihre Hände gehoben: Thomas, Gerhard und die Großmutter. Nur Simon nicht.

«Wer ist dagegen?»

Jetzt hob Simon die Hand und tat so, als würde ihn das nicht sonderlich interessieren, während er an die Decke starrte, um dem durchdringenden Blick seines älteren Bruders zu entgehen.

«Sehr witzig», sagte Thomas, schubste ihn vom Stuhl und kämpfte mit ihm auf dem Boden. Thomas gewann und drückte seinen jüngeren

Bruder nach unten. «Warum willst du nicht, dass ich allein fahre?»

«Weil ich mit dir fahren will», antwortete Simon.

Thomas liebte seinen kleinen Bruder. Er würde alles für ihn tun. «Vielleicht später einmal.» Er stand auf und streckte seinem Bruder die Hand hin. Simon griff nach ihr und Thomas half ihm auf. Als Thomas und Simon wieder am Tisch saßen, funkelten Mama, Papa und Erna sie schweigend an.

«Seid ihr beiden endlich fertig?», fragte Klaudia.

«Entschuldigung, Mama», sagte Simon und aß weiter.

Thomas lächelte. «Reichst du mir die Kartoffeln?»

Jetzt stand Thomas endgültig auf eigenen Füßen. Am folgenden Montag fuhr er ganz allein mit dem Zug. Er genoss dieses Gefühl. Der Weg, wie er zum FC Bayern hin und wieder zurück kommen sollte, war verzwickt und er musste ihn auswendig lernen. Aber genauso wie bei jedem Fußballspiel auf dem Platz, nahm er auch diese Herausforderung an. Alles war nur eine Sache von «eins-zwei-drei.»

«Bist du sicher, dass du dir alles behalten kannst?

Willst du es nicht lieber aufschreiben?», fragte ihn seine Großmutter.

«Hab' ich alles schon hier drin gespeichert, eins-zwei-drei», antwortete Thomas und tippte mit dem Zeigefinger an seinen Kopf.

Sie rollte nur mit den Augen.

Er öffnete die Tür und stieg aus ihrem Wagen. Dies war der erste Teil der Reise. Eins: Großmutter fährt ihn zur S-Bahn-Station nach Tutzing. Zwei: Er nimmt die S-Bahn zum Münchner Hauptbahnhof und steigt dort in die U-Bahn zum Wettersteinplatz um. Drei: Zehn Minuten zu Fuß bis zum Trainingsgelände.

«Kleinigkeit», meinte er und sagte ihr den Weg auf.

«Und nach Hause?», fragte sie.

«Umgekehrt, von drei bis eins.«

Seine Großmutter musste lachen. «Du hast den Teil mit den Hausaufgaben vergessen.»

«Oh!», Thomas erinnerte sich wieder: Und mach' deine Hausaufgaben im Zug, damit du später einmal dein Abitur schaffst.»

«Guter Junge», sagte sie. «Bis heute Abend.» Dann fuhr sie weg.

Thomas sah ihr nach, und als er sie nicht mehr sehen konnte, spürte er plötzlich ein Gefühl von Freiheit, wie er es bis dahin noch nicht gekannt hatte.

Er war zwölf, als er selbstständig hin-und-her-fuhr, und die nächsten zwei Jahre ging das bereits wie im Schlaf. Als er vierzehn war und schon etwas Geld mit Fußballspielen verdienen durfte, erhielt er ein kleines Gehalt.

Wenn er danach gefragt wurde, antwortete er nur: «Zu wenig, um wie ein König zu leben, aber immerhin mehr als gar nichts.»

Der Zug fuhr ein und Thomas stieg zu. Es war schon sehr voll, aber sein Stammplatz am Fenster, wo er immer seine Hausaufgaben machte, war noch frei. Schon seit zwei Jahren war das sein Lieblingsplatz und in dieser Zeit hatte er dort eine ganze Menge davon erledigt.

Er musste nicht einmal von seinem Schreibblock aufschauen, um zu wissen, dass er auf dem Trainingsplatz angelangt war, der Duft des Rasens reichte aus.

So ging das jeden Tag in der Woche bis zum Ende des Jahres 2003.

Training, Training und nochmal Training unter der Woche und Spiele an den Samstagen.

Als Thomas wieder einmal trainierte, fiel ihm eine Gruppe von Männern auf, die um seinen Trainer Stephan Beckenbauer herumstanden.

Mats Hummels blieb neben ihm stehen. «Wer sind diese Typen», fragte Thomas ihn.

Mats lächelte, dann nickte er in Richtung der beiden Männer, die sich an der Seitenlinie gerade mit dem Beckenbauer unterhielten. «Der eine ist Trainer der U16-Nationalmannschaft, der andere ist Spielerberater.»

«Echt?», Thomas war fasziniert.

Mats sah ihn an. «Klar. Links, der Typ, das ist Bernd Stöber, der Trainer der deutschen U16-Nationalmannschaft, und der auf der rechten Seite ist Ludwig Kögl, der Berater.»

«Woher weißt du das alles?»

«Ich lese eben den *kicker*», antwortete Mats, «und sehe mir nicht nur die Bilder darin an!»

Beide lachten.

«Vielleicht sollten wir denen ja mal ein paar unserer Tricks zeigen?», schlug Thomas ihm vor.

Mats lachte. «Nee, an mir sind die gar nicht

interessiert. Die sind hier, um sich einen ganz bestimmten von uns anzuschauen.»

«Und wer soll das sein?», fragte Thomas.

Beckenbauer winkte ihnen von der Seitenlinie zu. «Thomas!», rief er und gab ihm mit der Hand ein Zeichen, dass er zu ihnen kommen sollte.

Mats sah Thomas lächelnd an: «Ich glaube, du bist gemeint.»

Thomas war so überrascht, dass er für Sekunden wie versteinert dastand. Dann atmete er tief durch und trabte dorthin, wo Beckenbauer, Stöber und Kögl auf ihn warteten.

«Thomas, ich möchte dir jemanden …», sagte Beckenbauer in seiner Art, die Sätze nie ganz zu beenden.

Schon streckte Thomas seine Hand aus und schüttelte die von Stöber: «Herr Stöber.» Dann gab er Kögl die Hand: «Und Herr Kögl. Ich freue mich sehr, Sie beide kennenzulernen», sagte er und strahlte sie an.

Stöber und Kögl sahen zuerst sich an, dann Thomas. «Du weißt, wer wir sind?», fragte Stöber.

Thomas grinste. «Natürlich. Ich lese doch den *kicker*.»

Die Männer prusteten los, völlig überrumpelt von so viel Selbstvertrauen.

«Thomas ist nicht nur ein guter Spieler, er studiert das Spiel geradezu», sagte Beckenbauer.

Thomas zuckte die Achseln. «Ich mag eben Geschichten. Besonders, wenn es dabei um Fußball geht. Mein Großvater zum Beispiel, den ich nie persönlich gekannt habe, weil er schon vor meiner Geburt gestorben war, liebte die Bayern mehr als sonst irgendetwas auf der Welt. Sein letzter Wunsch war, sich noch ein Bayern-Spiel im Fernsehen ansehen zu können.»

«Was für eine nette Geschichte», meinte Stöber. «Ging sein Wunsch in Erfüllung?»

Thomas biss sich auf die Unterlippe, dann sagte er mit einem Lächeln: «Ja.»

Die Männer waren tief bewegt von Thomas' Geschichte.

«Wenn ich alles über das Spiel lerne, fühle ich mich mit ihm verbunden», sagte er.

Stöber und Kögl wandten sich Beckenbauer zu: «Können wir uns sprechen?», sagten beide wie aus einem Mund und mussten deshalb lachen.

Beckenbauer wusste genau, was die beiden von ihm wollten.

Er drehte sich zu Thomas um. «Achtzehn Uhr, höchste Zeit, dass du dich auf den Heimweg machst», sagte er.

«Ja», sagte Thomas und zu den beiden Männern: «Nett, Sie kennengelernt zu haben.» Er ging in Richtung der Umkleidekabinen davon.

Die Zugfahrt nach Hause war so holprig wie die Landschaft mit ihren sanft geschwungenen Hügeln und den Seen und Dörfchen mittendrin, den grünen Weiden und den kunstfertig gestalteten Bahnhöfchen, wie es sie zwischen München und Tutzing oft gab. Nachdem er die letzte Matheaufgabe gelöst hatte, blickte er nach draußen und bemerkte das vertraute Umfeld der Tutzinger Bahnstation. Mit aufheulenden Bremsen fuhr der S-Bahn-Zug ein.

Auf dem Bahnsteig wartete schon seine Großmutter auf ihn, so wie an jedem Tag. Er sammelte seine Siebensachen und sein Schulzeug ein und rannte durch den Gang hinaus auf den Bahnsteig. Dann ging er zu ihrem Auto. Auf der

kurzen Heimfahrt unterhielten sie sich über seinen
Tag. Thomas erstaunte es jedes Mal, dass sie immer
wissen wollte, wie sein Tag war, auch wenn die
meisten davon exakt genauso waren, wie die davor.
Er hatte ein gutes Spiel gemacht. Er hatte Spaß dabei.
Und er wurde mit seinen Hausaufgaben fertig.

Später am Abend erhielt er einen Anruf. Ihm
wurde ein Platz in der U16-Nationalmannschaft
angeboten. Für ihn wäre es das erste Mal, dass er
für Deutschland spielen würde.

Er war so glücklich, dass er laut «Jaaaa!» rief, als
er den Hörer auflegte.

Thomas war fünfzehn Jahre alt, als er von Bernd
Stöber in der deutschen U16-Nationalmannschaft
aufgestellt wurde, und zum ersten Mal kam er in
Lohne gegen Russland zum Einsatz. Von München
aus mussten sie sieben Stunden nach Lohne fahren.
Noch nie in seinem Leben war er so weit von zu
Hause fort. Doch alles, was es nach dieser langen
Fahrt für ihn zu tun gab, war auf der Reservebank
zu sitzen. Erst in der 70. Minute wurde er für
Kevin Pezzoni eingewechselt. Stöber fand, dass er
ein klasse Spiel gemacht hatte.

Ein paar Wochen später stand seine Lehrerin im Klassenzimmer und sah zu, wie die Schüler nach und nach hereinströmten. «Thomas Müller!», sagte sie laut und im Ton einer Respektsperson.

Thomas erstarrte, als er zur Tür hereinkam.

«Komm mal bitte her!», forderte sie ihn mit gekrümmtem Finger auf.

Thomas marschierte durch den Gang und machte vor ihrem Pult Halt, während sich der Rest der Klasse auf die Plätze setzte.

«Warum hast du gestern gefehlt?», fragte sie ihn.

«Oh. Tut mir leid. Ich habe eine Entschuldigung dabei.» Er fischte einen gefalteten Zettel aus seiner Jacke und reichte ihn ihr.

Sie faltete ihn auseinander, las und schaute ihn dann erstaunt an.

«Ist … Ist das vom Trainer des DFB?», stotterte sie. DFB, das war die Abkürzung des *Deutschen Fußball-Bundes!*

Thomas zuckte die Achseln. «Ja, ich spiele für die U16-Mannschaft. Sind Sie etwa Fußball-Fan?»

Sie bekam nur ein Nicken zustande, winkte ihn zurück auf seinen Platz und sah noch immer ungläubig auf dieses Entschuldigungsschreiben.

Thomas schmunzelte und ging langsam durch den Gang zurück auf seinen Platz.

Dann sah die Lehrerin auf und schwenkte den Zettel: «Kann ich den behalten?»

Thomas setzte ein höfliches Lächeln auf und nickte ihr zu.

So ging das für Thomas immer weiter, jetzt, da er in der Nationalmannschaft der unter Sechzehnjährigen spielte. Fußball nahm ihn ganz ein, während er von einer zur nächsten Klasse aufrückte. Dann aber, es war im Jahr 2006, und er war gerade siebzehn Jahre alt, lernte er ein Mädchen kennen, das sich überhaupt nicht für Fußball interessierte.

Und das sein ganzes Leben änderte.

Es passierte auf eine Schulparty, als er sie auf der anderen Seite der Tanzfläche sah, wie sie sich mit einem seiner Freunde unterhielt. So groß und so schön wie sie war, konnte er selbst kaum glauben, dass sie ihm bisher nicht aufgefallen war. Und in genau diesem Augenblick ging sie an ihm vorüber und lächelte ihn an. Sein Freund machte die beiden miteinander bekannt. «Lisa Trede», sagte sie und streckte ihm ihre Hand hin. «Thomas Müller», sagte er. «Fußball-Gott.»

Lisa lächelte: «Nie von dir gehört.»

Für einen Moment sah er sie prüfend an, dann brach er in Lachen aus.

Nach dieser Party blieben sie über die sozialen Netzwerke weiterhin in Kontakt. Dort erfuhr er, dass sie Pferde mochte und langsam begann er, sich auch für Pferde zu begeistern. Mit Fußball dagegen konnte sie nach wie vor wenig anfangen. Die erste Zeit jedenfalls nicht. Denn seit ihrem ersten Treffen waren sie unzertrennlich.

Kapitel 13 – Hoffnungen und Enttäuschungen

IM WOHNZIMMER DER FAMILIE MÜLLER nahmen
alle ihren Platz auf dem Sofa ein. Der Fernseher
war auf das Programm eingestellt, auf dem das
Eröffnungsspiel der Fußball-Weltmeisterschaft 2006
gesendet wurde. Deutschland war das Gastgeberland
und natürlich rechnete sich so ziemlich jeder
dadurch einen Heimvorteil aus. Schon deshalb war
die Stimmung fröhlich und zuversichtlich. Ganz
Deutschland war fußballverrückt und für alle würde
es das Größte sein, die Weltmeisterschaft im eigenen
Land zu gewinnen.

Die Lautsprecher des Fernsehgeräts dröhnten.
Gleich würde das erste Spiel beginnen und im
Heimstadion der Bayern, in der Münchener
Allianz-Arena, würde Deutschland gegen
Costa Rica antreten.

Thomas kümmerte sich um das Fleisch, das auf

dem Grill brutzelte, dabei hatte er nur Augen für Lisa, die neben ihm stand und dem Geschehen auf dem Bildschirm folgte. Immer wenn er nicht hinschaute, stiegen Rauchschwaden über dem angebrannten Fleisch auf.

«He, lass nichts anbrennen!», rief Simon, der mit einem neuen Tablett mit Grillfleisch aus dem Haus geeilt kam. Er war erst vierzehn Jahre alt, aber schon fast so groß wie sein älterer Bruder. Thomas hielt sich für einen Fachmann am Grill.

«Keine Angst, kleiner Bruder», brummte er und drehte das Fleisch um.

Im Fernsehen begann das Spiel.

Thomas rieb sich die Hände. «Klinsmann wirkt selbstsicher», sagte er. «Er war als Spieler großartig. Und ich habe das Gefühl, dass das sein Spiel werden könnte.»

«Er sieht besorgt aus», merkte Klaudia an.

«Still», sagte Gerhard, «nur nichts beschwören!»

Alle lachten.

«Achtet auf Lahm, der wird ein Tor schießen», sagte Thomas, der auf der äußersten Kante seines Platzes auf dem Sofa saß.

«Lahm trifft doch nie!», entgegnete sein Vater.

In der sechsten Minute kam Mittelfeldspieler Tim Borowski an den Ball und flankte ihn nach links auf den Außenverteidiger Philip Lahm, der ihn annahm und damit nach vorne bis zum Sechzehnmeterraum sprintete, den Torwart von Costa Rica antäuschte und den Ball im Netz versenkte.

«TOOOOOOOR!»

Alle sprangen gleichzeitig auf und kippten dabei fast das Sofa um. Thomas tänzelte durchs Wohnzimmer, als hätte er das Tor selbst geschossen.

Deutschland lag mit 1:0 vorn.

Gerhard sah seinen Sohn ungläubig an. «Gut geraten!»

Thomas grinste. «Thomas Müller. Fußball-Gott. Und Hellseher. Seid also vorsichtig, ich weiß, was ihr denkt.»

Alle lachten.

Sechs Minuten später glich der Costa Ricaner Paulo Wanchope mit seinem ersten Tor aus, doch nach fünf weiteren Minuten traf Miroslav Klose in der 17. und legte mit einem zweiten Tor in der 61. Minute nach. Wanchope traf erneut in der

73., doch Frings antwortete in der 87. Minute mit einem Tor und besiegelte damit den Endstand.

Deutschland gewann 4:2 und so dauerte das Festmahl bei den Müllers bis spät in die Nacht hinein an.

Noch in derselben Woche zog Gerhard einen Umschlag aus der Hosentasche hervor. «Der lag heute im Briefkasten», sagte er und reichte ihn Thomas. «Er ist an deine Mutter adressiert, aber eigentlich ist er für dich.»

«Ein Brief von Horst Hrubesch», meinte Gerhard. «Du weißt schon, wen ich meine?»

Thomas nickte hastig und öffnete den Brief. «Natürlich! Der … der Trainer der A-Junioren.»

Lächelnd legte Gerhard seinem Sohn den Arm um die Schultern. «Deine Mutter und ich, wir wollten die ersten sein, die dir gratulieren, mein Sohn. Deutschland will dich für die U19-Nationalmannschaft. Auch Thomas Kraft und Toni Kroos werden dort sein.»

Thomas hatte ein mulmiges Gefühl, was diese guten Nachrichten anging. Unter Kurt Niedermayer war er bereits bei den Bayern aufgestiegen – aber im Nationalteam aufzurücken, das war schon etwas ganz anderes.

Er sah seinen Vater an. Das wäre ein großer Schritt für ihn. Vielleicht würde er in vier Jahren ja den nächsten großen Schritt machen und für die A-Nationalmannschaft spielen. Alles schien sich wie von selbst zu ergeben. Alles, was er jetzt noch brauchte, war, dass Deutschland die WM gewinnt.

Fünf Tage später bekämpften sich Deutschland und Polen 90 aufreibende Minuten lang vor 65.000 jubelnden Zuschauern im FIFA WM-Stadion in Dortmund, und vor Millionen von Fernsehzuschauern, die in der ganzen Welt zuschauten, wie der gebürtige Schweizer Mittelstürmer Oliver Neuville in der ersten Minute der Nachspielzeit Deutschland mit einem 1:0 zum Sieg schoss. Dieses Spiel war wie eine Mahnung, dass man im Fußball niemals einen vermeintlich schwächeren Gegner unterschätzen durfte. Dennoch war auch dies ein Sieg.

Sechs Tage später besiegte Deutschland in Berlin Ecuador mit 3:0. Zwei der Tore erzielte Klose, eins schoss Podolski. Klose war auf dem Weg, einer der abgeklärtesten Stürmer der Welt zu werden. Mit Gerd Müller teilte er diese einzigartige Begabung: seinen Zug zum Tor und wieder und wieder ins Netz zu treffen. Thomas sah sich jedes dieser Spiele an, manchmal auch gemeinsam mit Lisa. Von Deutschland war erwartet worden, dass sie alle Vorrundenspiele in ihrer Gruppe A gewinnen würden, doch im Achtelfinale traten sie in die K.-o.-Runde ein – und da zählte nur ein Sieg.

Egal, ob die Spiele tagsüber oder am Abend stattfanden, die Gaststätten in Pähl waren randvoll besetzt, sodass sich die Zuschauer bis hinaus auf die Straßen drängten. Jedem im Dorf wurde schon bei dem Gedanken daran schwindlig, dass Deutschland die WM gewinnen könnte. Das erste Entscheidungsspiel gegen Schweden fand in München statt.

Thomas und Lisa standen auf der Straße vor einer der Gaststätten und schauten das Spiel auf einer Großbildleinwand an, die von den Wirtsleuten draußen aufgehängt war, damit alle zusehen konnten. Als Podolski in der vierten Minute traf, brach die ganze Straße in Jubel aus.

Thomas hüpfte auf und ab – und Lisa mit ihm.

«Dermaßen toll!», schrie sie. Jetzt begann auch sie es zu spüren. Es war einfach ansteckend.

Thomas sah sie an: «Das ist das beste Spiel der Welt. Und wenn deine Mannschaft gewinnt, dann übertrifft das noch einmal alles!»

Jeder in der Gaststätte und alle auf der Straße waren aus dem Häuschen: Gerade hatte Podolski das zweite Tor für Deutschland geschossen, und man war erst in der zwölften Minute. Bis zur letzten Minute änderte sich am Ergebnis nichts und Deutschland zog ins Viertelfinale ein.

72.000 Fans füllten die Tribünen und jedes Fernsehgerät in Deutschland war angeschaltet, als sich Deutschland und Argentinien im Viertelfinale gegenüberstanden. Die erste Spielhälfte endete torlos und das ganze Land klebte förmlich an den Bildschirmen, nervös, doch voller Hoffnung. Dann traf der argentinische Innenverteidiger Roberto Ayala in der 49. Minute. Ein Schrei bitterer Enttäuschung ging durch das ganze Land. Erstmals in dieser Weltmeisterschaft lag Deutschland zurück.

Thomas saß auf dem äußersten Rand seines Platzes und versuchte, ruhig zu bleiben.

Es sollte noch weitere dreißig torlose Minuten dauern, bis Miroslav Klose Maß nahm und mit einem Tor in der 80. Minute ausgleichen konnte. Wieder war es Klose, der zu Hilfe kam, als so manche Augen schon nervös auf die Uhr blickten und sahen, wie ihnen die Zeit davonlief. Die reguläre Spielzeit endete mit einem Unentschieden, doch auch in der Verlängerung traf keine der beiden Mannschaften ins Netz, sodass der Schiedsrichter das erbarmungslose Elfmeterschießen anpfeifen musste, in dem eine der Mannschaften ohne Rücksicht auf ihre eigentlichen Qualitäten nach Hause geschickt werden würde.

Thomas stöhnte. «Oh nein! Argentinien hat noch nie ein Elfmeterschießen verloren!» Es war schwer, überhaupt hinzusehen. Und er wusste, wie schwer es die Spieler jetzt hatten.

Gerhard legte seinem Sohn die Hände auf die Schultern: «Deutschland hat auch noch keines verloren», sagte er.

Neuville trat als Erster für Deutschland an. Tor!

Als Nächster schoss Cruz und machte das 1:1 für Argentinien.

Michael Ballack war als Nächster dran und

verwandelte sicher. Dann kam Ayala, der das Tor für Argentinien erzielt hatte – und verschoss!

Podolski war der nächste Deutsche – und traf! Danach punktete Rodriguez für Argentinien.

Borowski trat vor, täuschte den Torwart und traf ins Tor.

Nun war Cambiasso an der Reihe – doch Lehmann hielt den Ball. Deutschland war im Halbfinale. Was für eine Erleichterung! Das ganze Land atmete einmal tief durch. Ein einziger Gedanke ging jetzt durch die Köpfe so vieler: Nur noch zwei Spiele, und wir haben das Ding!

Noch vier Tage. Thomas versuchte, nicht an das Turnier zu denken. Deutschland war so nah dran. Bis zum 4. Juli in Dortmund, als Deutschland der starken italienischen Mannschaft gegenübertrat.

Bis zur 90. Minute gab es keine Tore und das Spiel ging in die Verlängerung. Als in der 119. Minute bereits jeder glaubte, dass auch dieses Spiel durch ein Elfmeterschießen entschieden werden musste, traf Grosso für Italien. Es blieb nur noch eine Minute.

Im Fußball kann in einer Minute alles geschehen.

So viele Spiele wurden erst in der allerletzten Sekunde der Nachspielzeit entschieden.

Doch dieses Spiel nicht.

Denn zwei Minuten später, in der 120+1. Minute, traf Alessandro Del Piero für Italien, was das Ende der deutschen Serie in dieser WM bedeutete.

Deutschland war draußen. Aus der Traum vom Finale in Berlin.

Thomas fühlte sich am Boden zerstört.

Ganz allein machte er einen Spaziergang runter zum Hof der Großmutter und lehnte sich an einen Zaun, wo ein paar Kühe versammelt standen. Er spürte einen tiefen Schmerz.

Erna sah ihn schon durchs Küchenfenster. Sie kam aus dem Haus gelaufen und ging auf ihn zu. «Ich weiß Bescheid. Das ist das Ende der Welt», sagte sie und nahm ihn in die Arme.

«Und was gedenkst du, dagegen zu tun?»

«Ich weiß es nicht, Großmutter», flüsterte Thomas und wischte sich die Tränen ab.

«Was habe ich dir immer gesagt?»

Er sah sie an. «Niemals aufgeben!»

Sie lächelte. «Du wirst immer dein Ziel erreichen

– solange du nicht aufgibst.» Prüfend sah sie ihn einen Moment lang an. Thomas sagte kein Wort. «Was denkst du?»

Thomas versuchte zu lächeln. «Ich denke daran, dass ich das Ding eines Tages für Deutschland gewinnen werde. Das muss ich!»

Erna lächelte und drückte ihn fest an sich. «Da ist er wieder, mein Junge», sagte sie. «Lass uns jetzt reingehen. Ich mache dir ein paar Fleischpflanzerl. Du bist doch hungrig?»

Sie machten sich auf den Weg zurück ins Haus. «Fast am Verhungern», sagte er.

Kapitel 14 – Gute Nachrichten

«MÜLLER!», rief Horst Hrubesch, der U19-Nationaltrainer.

Thomas saß auf der Reservebank und beobachtete das Spiel. Er fühlte sich einsam ohne seine Familie und Lisa, die über 400 Kilometer entfernt von ihm auf ihrem Hof war.

Als die Zuschauer zu jubeln begannen, blickte er auf und sah gerade noch, wie sein Sturmpartner Savio Nsereko ein Tor schoss und seine Mannschaft in Führung brachte.

Dann erst hörte er seinen Namen und sprang auf. Er wusste, dass man ihn aufrufen würde, er wusste nur nicht, wann. Achtzig Minuten waren in dem Freundschaftsspiel gegen England schon verstrichen und er begann sich Sorgen zu machen, ob er überhaupt noch zum Einsatz käme. Dies sollte sein Debüt in der U19-Mannschaft sein. Doch jetzt waren all seine Sorgen verflogen. Deutschland führte 1:0 und Hrubesch, der Trainer, ersetzte den Torschützen Nsereko durch Thomas.

Savio ging unter dem Jubel der 4000 Fans vom Platz des Waldstadions in Kaiserlinde und klatschte Thomas an der Seitenlinie ab, der sich unter seine Teamkameraden Kevin Pezzoli und Holger Badstuber mischte. Unter den Zuschauern waren seine Eltern, seine Großmutter und sein Bruder.

Hrubesch war ein 56-jähriger, raubeinig wirkender Mann mit ausgebleichten blonden Haaren. Seine Bilanz als Trainer konnte sich sehen lassen. Er drehte sich zu dem zweiten Trainer, Frank Kramer, um und nickte ihm zu. Sie hatten Thomas erst am Tag zuvor mitgeteilt, dass er zu seinem ersten Einsatz kommen würde und in dieser Nacht hatte er kein Auge zugemacht.

Thomas machte sein Spiel gut. Als der Schiedsrichter die Partie abpfiff und er vom Spielfeld trottete, hielt ihm ein Reporter ein Mikrofon unter die Nase. So etwas war ihm noch nie passiert. «Müller, Ihre Meinung: Wie lief's bei Ihnen?», fragte ihn der Journalist.

«Prächtig», antwortete Thomas mit überschwänglicher Geste, und weil der Reporter ihn daraufhin mit einem überraschten Ausdruck ansah, fuhr er fort: «Jedenfalls behauptet das meine Mutter!» Mit diesen Worten trabte er vom Platz, dem Rest seiner Mannschaft hinterher, und ließ den Journalisten lachend stehen.

Thomas hatte ein gutes Gefühl, was dieses erste Spiel betraf. Auch wenn er kein Tor erzielt hatte, so tat er doch viel für das Spiel, und Deutschland ging als Sieger vom Platz. Das war am 14. November 2007, und Thomas war gerade 18 Jahre alt geworden.

Während alle anderen in dieser Nacht ausgingen, um zu feiern, blieb Thomas allein zurück und lernte für seine Abiturprüfungen.

Wieder zu Hause, spielte er für die Bayern in 24 von 26 Spielen. Am Ende der Saison hatte er sechs Torerzielt, ebenso viel wie sein Mitspieler Steffen Schneider. Sein Freund Toni Kroos schoss sieben Tore und wurde zum Torschützenkönig seiner Mannschaft gekürt.

Mitte 2008 beendete Thomas nicht nur eine erfolgreiche Saison im Nachwuchskader des FC Bayern und hatte außerdem einen guten Lauf mit dem U19-Nationalteam, sondern er beendete auch das Gymnasium.

Einen Monat später stand Thomas mitten in der Küche, und wieder starrte er auf einen Brief. Er war erst wenige Minuten zuvor mit der Post angekommen. Diesmal war es keiner von einer anderen Fußballmannschaft, die versuchen wollte, ihn zu ködern. Dieser hier kam von seiner Schule. Er riss den Umschlag auf und begann zu lesen. Und nach wenigen Sekunden stand ein breites Grinsen in seinem Gesicht. «Mein Gott», murmelte er nur.

«Was ist?», fragte seine Mutter.

«Mei- … mein Abitur!», raunte er, ohne seinen Blick von dem Brief zu lassen. Er schaute auf: «Ich habe bestanden!»

Klaudia sprang in die Luft, streckte ihm die Arme entgegen und umschlang ihn. «Oh, ich bin so stolz auf dich!»

Thomas war selbst stolz auf sich. Schon als kleiner Junge hatte er sich eine Reihe von Zielen gesetzt – und das Abitur stand dabei immer ganz vorne.

Als er in der Woche darauf, am letzten Tag der Saison vom Platz ging, wartete Hermann Gerland auf ihn, der Trainer der zweiten FC Bayern Amateurmannschaft. «Wir müssen uns sprechen», sagte Gerland.

«Uh-oh», machte Thomas.

Gerland lachte. «Was meinst du mit 'uh-oh'? Stimmt 'was nicht?»

«Das wollte ich gerade Sie fragen», antwortete Thomas. «Immer wenn jemand sagt: 'Wir müssen uns sprechen' bedeutet das, dass ich in Schwierigkeiten bin.»

Gerland lachte. «Nun, wir müssen uns wirklich sprechen. Wir müssen uns über das nächste Jahr unterhalten. Natürlich nur unter der Voraussetzung, dass du nicht beschlossen hast, dich vom Fußball zurückzuziehen?»

«Nicht vor der nächsten Weltmeisterschaft!», rief Thomas aus.

«Prima. Hier noch eine kleine Lebensweisheit für dich: Solange du etwas richtig machst, wird dich niemand dafür bestrafen», sagte Gerland.

Thomas hörte gar nicht hin. Er betrachtete die Haare des Tigers.

«Stimmt doch etwas nicht?»

«Sie haben graue Haare», antwortete Thomas.

«Und jedes davon habe ich verdient», entgegnete Gerland. «Warum?»

«Ich hatte nur gehofft, dass Sie die nicht meinetwegen haben.»

Gerland kicherte. «Nicht alle», sagte er. «Aber hör zu: Der Grund, warum ich hier bin ist … Ich will dir eine Chance in der zweiten Mannschaft geben. Sie haben schon 'Ja' gesagt.»

«Bayern zwei?», schaltete sich Thomas ein.

Gerland hob die Schultern. «Versprich dir nicht allzu viel davon. Das ist die 3. Liga. Diese Saison haben wir den achten Platz gemacht, wir können also jede Hilfe brauchen, die wir kriegen können. Aber es steckt noch etwas dahinter. Ich möchte, dass du auf diesem Niveau spielst, auch weil ich sehen möchte, ob wir dich nicht für die erste Mannschaft einsetzen könnten.«

Thomas machte einen überraschten, langen Atemzug.

«Was hältst du davon?», fragte Gerland.

«Ich glaube, ich bin bereit!», antwortete er.

Schon im März, nur einen Monat später, spielte Thomas mit den Teamkameraden des FC Bayern

II um die Qualifikation für die 3. Bundesliga, die gerade neu gegründet werden sollte.

Kapitel 15 – Helden

DIE JUNGS VOM SPVGG Unterhaching beschatteten ihn von der ersten Sekunde an, die er auf dem Spielfeld war, als er Stephan Fürstner in der 72. Minute ersetzte; doch er war schneller als jeder von ihnen.

Die Unterhachinger Verteidiger versuchten, ihn zu erwischen. Sie gaben wirklich alles. Doch sie konnten nicht mit ihm mithalten. Im Zickzacklauf hielt er ihre Abwehr beschäftigt, bis zu jenem Moment, in dem er eine Lücke im Strafraum ausmachte, in der er auf den Ball warten konnte, von dem er wusste, er würde nur eine Nanosekunde später dort landen. Er wurde ihm praktisch auf einem Silbertablett serviert und in der 88. Minute musste er ihn nur noch ins Netz schieben.

Alle sprangen auf, als er aus dem Strafraum rannte und mit hochgerissenen Armen auf den Knien über den Rasen schlidderte.

Gerland, der Tiger, lächelte. Und auch der Mann, der neben ihm stand, sein Assistenztrainer, lächelte. Dieser Mann war Gerd Müller. Sein Held. Er hielt die Arme über der Brust gekreuzt. Der legendäre *Bomber* höchstpersönlich. Auf dem Spielfeld erinnerte sich Thomas augenblicklich daran, wie er ihm vor vielen Jahren quer über den Parkplatz nachjagte, wie er ihn in seinem Auto aufhielt und das Autogramm von ihm bekam. Er besaß es immer noch. Für ihn war es eines seiner Heiligtümer. Und dann erinnerte er sich an die Zeit, in der er ihn beobachtete, als er die älteren Jahrgänge trainierte. Er hatte dasselbe Lächeln wie auf dem Poster an der Wand seines Kinderzimmers.

Er konnte gar nicht anders: Er winkte ihm zu.

Müller winkte mit einem Grinsen zurück und drehte sich zu Gerland um. «Der hat's in sich, Tiger», sagte er.

«Ich weiß», nickte der Tiger.

Doch dieses Tor von Thomas reichte nicht aus, um zu gewinnen. Sie verloren 2:4 und die Mannschaft fiel auf den elften Platz zurück. Doch Gerd Müller hatte weitere Ideen, was seine Spieler betraf. Als die Mannschaft das Feld verließ, winkte er Thomas zu sich her.

«J-Ja, b-bitte?», stammelte Thomas, hochgradig nervös.

«Wir müssen dich öfter in der Spitze einsetzen, denn du bist ein geborener Knipser. Dann wirst du noch eine Menge Tore mehr schießen», sagte Gerd.

Thomas war sprachlos. Der König aller Knipser erzählte ihm da gerade, dass er ein geborener Torjäger sei. Etwas Besseres konnte er sich gar nicht vorstellen.

Gerd lächelte. Daran war er schon gewöhnt. Er konnte gut mit den Fans umgehen und er wusste, wie man die Spieler behandelt. Mit einem Blick auf Thomas schnippte er mit den Fingern, als würde er sich gerade an etwas Bestimmtes erinnern. «Ich kenne dich doch. Der Parkplatz auf dem Bayern-Gelände, nach dem Spiel. Das warst du, der den ganzen Weg zu mir rüber gerannt kam. Und ich habe eine Autogrammkarte für dich unterschrieben.» Er sah sich Thomas genauer an. «Du bist groß geworden», witzelte er.

«J-Ja», bekam Thomas heraus.

Gerd schüttelte ihm die Hand. «Und jetzt bist du in meinem Team!», sagte er.

Thomas dachte auch gerade daran.

«Das Leben besteht aus lauter Drehungen und Wendungen, Müller, oder?», fragte Gerd.

«Sie … Sie wollen mir also dabei helfen, mein Spiel zu verbessern?», fragte Thomas.

«Meine Aufgabe ist es, dich auf die erste Mannschaft vorzubereiten», sagte Gerd trocken.

Und seinem Wort treu bleibend, reichten Gerd Müller und Gerland, der Tiger, ihren Stürmerstar im Juli 2008 an Jürgen Klinsmann weiter, den neuen Trainer der ersten Mannschaft des FC Bayern München.

Kapitel 16 – Premiere für Thomas

GERLAND, DER TIGER, stand neben Jürgen Klinsmann, der den stocksteif vor ihm stehenden schlaksigen Jungen prüfend betrachtete. «Achtzehn Tore in sechsundzwanzig Spielen sind schon beeindruckend, Müller», sagte Klinsmann, der langsam um den jungen Spieler herumging und ihn weiter musterte. «Das dürfte wohl ein Rekord in der A-Jugend sein. Kein Wunder, dass ihr Meister geworden seid.»

«Wahrscheinlich», sagte Thomas.

Klinsmann zeigte auf die dürren Beine von Thomas. «Und das mit diesen Storchenbeinen.»

Gerland unterdrückte ein Lachen.

Thomas lächelte Klinsmann zu. «So läuft das hier also», dachte er und sagte: «Ja, aber wenn ich dazu etwas anmerken dürfte», begann er, «dann würde ich sagen, meine Beine sehen eher wie die eines

Flamingos aus», fuhr er fort und sah dabei Gerland wie nach Zustimmung suchend an.

Gerland verdrehte die Augen. «Das war's wohl», dachte er.

Alle lachten. Klinsmann sah ihn mit strengem Blick an, doch als er Thomas so unbeholfen dastehen sah, drehte er dem Jungen den Rücken zu und schmunzelte. «Ich glaube, du hast Recht, Müller», sagte er. «Du bist eher ein Flamingo. Aber wenn ich etwas dazu anmerken dürfte, dann würden alle Artgenossen aus unserem Schwarm es lieber sehen, wenn du dich eher für ein anderes Exemplar halten würdest – für einen Adler nämlich.»

Thomas grinste. «Wenn Sie damit sagen wollen, dass wir alle so einen Vogel haben?», witzelte er.

Klinsmann und Gerland lachten lauthals. «Müller, du bringst auch noch die Kühe zum Fliegen», sagte Klinsmann.

«Das nehme ich als Kompliment», antwortete Thomas.

Am 13. Juli war es für Klinsmann soweit, bei einem Testspiel gegen den SV Lippstadt 08 in die Tat umzusetzen, was sie in den zwei Trainingswochen zuvor einstudiert hatten. Das Stadion am Waldschlösschen in Lippstadt war ausverkauft. Das Grölen der Zuschauermenge war laut und wirkte ausgelassen.

Thomas und seine Teamkameraden stellten sich im Kabinengang auf, außer Sicht für die Zuschauer.

Klinsmann verlangte einen dramatischen Auftritt.

«Ziemlich viel Lärm für nur 4.000 Fans», meinte Michael Rensing. Er war nervös. Es war sein erstes Spiel mit der Rückennummer eins für die Bayern.

«Das liegt daran, dass da draußen keine 4.000 Fans sind. Sondern 8.000», sagte Thomas. «Das habe ich im Radio gehört. Das Waldschlösschen platzt aus allen Nähten!»

Seine Mitspieler lachten verhalten.

Der Spielbeginn war für Punkt 16 Uhr angesetzt – es war bereits 15.53 Uhr, und nur die Mannschaft von Lippstadt war auf dem Spielfeld.

Das Publikum skandierte: «KLINSMANN! KLINSMANN!»

Klinsmann ging im Spielertunnel auf Rensing zu. «Bereit?»

Rensing nickte.

«Okay», sagte Klinsmann und Rensing lief hinaus, gefolgt von Torwarttrainer Walter Junghans.

Das Publikum flippte aus, als die ersten Bayern-Spieler das Feld betraten.

Wie aus dem Nichts tauchte eine ganze Schar Fotografen auf, die Bilder von Klinsmann und seinem Team schossen und sie mit ihren Blitzlichtern in dem dunklen Gang blendeten.

Auch die Lautsprecher erwachten jetzt zum Leben: «Und hier der Trainer von Bayern München, Jürgen …»

«KLINNSSSMANNNNN!», beendete die Menge einstimmig.

Klinsmann sah seine Männer an. Er hatte weder Klose, noch Schweinsteiger oder Lahm und Podolski in seinen Reihen, die alle wegen Verletzungen ausfielen oder noch im Urlaub waren. Trotzdem hatte er ein gutes Gefühl, wieder in der Bundesliga angekommen zu sein, besonders nach der enttäuschenden letzten Weltmeisterschaft. «Pack mer's!», rief er ihnen zu und stürmte, gefolgt vom Rest der Mannschaft, auf das Licht am Ende des Tunnels zu und aufs Spielfeld hinaus.

Thomas spürte die Magie, die in diesem

kurzen Augenblick lag. Die Energie, die von den Zuschauerreihen ausging, war elektrisierend.

Seine Mitspieler wünschten ihm Glück und er spürte, dass er dazugehörte. Dies war sein Team. Er konnte sich an keine Zeit erinnern, in der ihn jemand nicht in seiner Mannschaft haben wollte; seit er klein war, war das so, als er im Hochschloss von Pähl spielte oder auf den Pausenhöfen, im Keller oder auf den Straßen vor dem Bauernhof der Großmutter. Aber dies war etwas ganz anderes. Mehr konnte man nicht verlangen. Er stand neben dem anderen Neuen, Joseph Ngwenya aus Simbabwe. Und einen Wimpernschlag später war es schon soweit, rauszugehen. Ngwenya und er schlugen die Fäuste gegeneinander.

Die neue Bayern-Aufstellung lief auf dem satten Grün des Lippstädter Rasens auf:

Rensing, Lell, Breno, Van Buyten, Zé Roberto, gefolgt von van Bommel, Ottl, Sosa, Kroos und schließlich von Müller und Ngwenya. Mark van Bommel, der defensive Mittelfeldmann, war zwölf Jahre älter als die meisten seiner Mitspieler und würde bald ihr Kapitän werden, als erster Nichtdeutscher.

Die Tribünen waren voll von Bayern-Fans, die alle aufgestanden waren und wild winkten und jubelten; viele von ihnen trugen das FC Bayern-Heimtrikot.

Das Spiel begann pünktlich um 16 Uhr. Zwei Minuten und fünfzig Sekunden später spielte van Bommel auf Zé Roberto, der den Ball mit einer Flanke für Müller auflegte, der ihn im Netz versenkte – sein erstes Tor, und das erste für den neuen Teamchef Jürgen Klinsmann.

Klinsmann hatte nur das Beste gehofft, als er daran gedacht hatte, dass die meisten seiner wichtigen Spieler nicht hier sein konnten. Doch mit dieser Größe, die an diesem Nachmittag in Lippstadt gezeigt wurde, hatte er nicht gerechnet. Bayern gewann 7:1.

Müller gelang sogar ein Dreierpack. Klinsmann war beeindruckt.

Nach dem triumphalen Sieg duschte sich die Mannschaft schnell ab, zog sich um und stieg der Reihe nach in den Mannschaftsbus ein. Als Thomas zustieg, wartete Gerland, der Tiger, schon darauf, sein Eintreffen anzukündigen. «Achtung, bitte, meine Herren!», brüllte der Tiger, der vor dem

Bus Aufstellung genommen hatte, in ein Megafon. «Radio Pähl ist wieder auf Sendung!»

Genau in diesem Augenblick begann Thomas auf den metallenen Trittstufen zu hüpfen und gegen den Bus zu pusten, als wäre er ein Wirbelsturm. Jeder im Bus feuerte ihn applaudierend an. Alle erwarteten sie eine Extra-Vorstellung von ihm, und Thomas war sich dafür nie zu schade.

«Danke, danke», sagte Thomas und verbeugte sich vor seinem Publikum. «Wirklich, zu freundlich.»

Klinsmann, der ganz vorn im Bus saß, lehnte an der Trennwand und schüttelte amüsiert den Kopf.

«He, Thomas! An welchem Ende des Busses sollen wir aussteigen, wenn wir wieder in München sind?», rief ihm Toni Kroos von der hinteren Reihe aus zu.

«Das spielt keine Rolle», rief er zurück. «Beide Enden halten an!»

Alle lachten, sogar der Busfahrer, als er den Motor startete und den Bus in Richtung Heimat auf die Autobahn schaukeln ließ. Thomas lief durch den Gang und hielt sich an dem Sitzplatz neben

Kroos fest, dann klatschte er ihn ab. «Danke für die Vorlagen, auf und neben dem Platz!»

«Aber immer», sagte Kroos. Er spielte gerne den Stichwortgeber für Thomas, auf und neben dem Spielfeld. Er nahm seine Ohrstöpsel und streckte die Beine aus. Die Fahrt zurück nach München war noch lang.

Kapitel 17 – Der Machtkampf

LISA HATTE IN DEM GROSSEN STEINERNEN KAMIN, der in ihrem Elternhaus stand, ein Feuer angezündet und versteckte schnell das Buch, in dem sie eben noch gelesen hatte, als Thomas mit einem Tablett heißen Kaffees das Zimmer betrat. Vor dem röhrenden Kamin hatte sie einige große Kissen auf dem Boden ausgelegt und stütze sich nun auf jenes, unter dem das Buch verborgen lag. Thomas ahnte nicht, dass sie ihm einen Streich spielen wollte. Ständig trieb er seine Scherze mit ihr. Nun war sie an der Reihe.

Thomas setzte sich neben sie und lehnte sich an ein Kissen, das gegenüber dem ihren lag. Sie fasste ihn an beiden Händen. «Ich muss dir etwas erzählen», sagte sie.

Thomas wurde rot. War das eines jener Zeichen, die darauf hindeuteten, dass etwas Schlimmes bevorstand? Er hoffte, dass sie nicht bemerkte, wie nervös ihn das machte.

«Du ... Du willst mir etwas erzählen?»,
stammelte er.

Lisa lächelte über sein Unbehagen. «Ja. Warum?
Macht dich das etwa nervös?»

Thomas schüttelte den Kopf, etwas zu heftig,
wie Lisa meinte. «Ruhig Blut. Es geht um Fußball»,
sagte sie.

«Fußball? Du willst mir etwas über Fußball
erzählen?»

«Tatsache ist, dass ich ziemlich interessiert an
deinem schönen Sport bin», sagte sie.

«Was ich dir erzählen wollte ist, dass ich mich
neuerdings öfters damit befasst habe. Besonders mit
dem Spielsystem und der Taktik.»

«Mit Spielsystem und Taktik?» Er lachte,
wünschte aber gleich, er hätte das nicht getan; er
wollte ihre Gefühle nicht verletzen. «Was weißt du
denn über Spielsysteme und Taktiken?»

Lisa sah ihn missbilligend an. «Eine ganze Menge
weiß ich darüber, du Schlaumeier», sagte sie und
versuchte wütend dabei zu wirken.

«Oh, wirklich? Welches System findest du am
besten?», fragte er, halb im Ernst. Er rechnete nicht
mit einer Antwort.

«Die Aufstellung mit einem Libero», sagte sie mutig und ohne zu zögern.

Thomas war verblüfft, dass sie überhaupt eines der Systeme kannte, dachte kurz darüber nach und brach in schallendes Gelächter aus.

Bestürzt von seiner Reaktion fragte sie: «Was gibt's da zu lachen?»

«Diese Taktik wird seit zwanzig Jahren nicht mehr angewendet!», sagte er.

Lisa biss sich auf die Lippen, um nicht auch lachen zu müssen. «Du bist so gemein!», ging sie zum Angriff über und warf sich auf ihn. «Das nimmst du zurück! Das nimmst du zurück!», schrie sie und drückte ihn auf den steinernen Boden.

«Okay, okay, ich nehme alles zurück!», lachte Thomas, und sie ließ ihn wieder frei.

Thomas grinste sie an. «Wenn du wirklich so interessiert daran bist, wie wäre es, wenn ich dir etwas zeigen würde, das ein bisschen – moderner ist?», fragte er. «Willst du mich einmal spielen sehen?»

Sie lachte. Und er liebte es, sie zum Lachen zu bringen.

Zwei Wochen später dachte Thomas mit

geschlossenen Augen an diese Szene, während er im Stillen aber litt. Er saß auf der Ersatzbank und war darüber verärgert, dass ihn Klinsmann nicht in die Startelf aufgenommen hatte. Thomas war der Meinung, dass er es verdient gehabt hätte und außerdem juckte es ihn, sein Bundesliga-Debüt zu machen. Es war der 15. August und sie spielten gegen den Hamburger SV. In der 79. Minute gab ihm Klinsmann bekannt: «Du gehst für Klose rein!»

Thomas erhob sich und stampfte mit den Füßen auf, was Klinsmann belustigt registrierte. «Stimmt 'was nicht mit deinen Füßen?», fragte er.

«Sie schlafen ein», entgegnete Thomas und steuerte auf die Seitenlinie zu, als Klose vom Spielfeld trabte. Zwei Minuten später schoss Thomas ein Tor. Doch für Klinsmann schien das keine Rolle zu spielen.

Thomas spielte in dieser Saison noch in drei weiteren Begegnungen: gegen Arminia Bielefeld, Borussia Mönchengladbach und zuletzt gegen Energie Cottbus. In keinem dieser Spiele konnte er einen Treffer landen, und den Rest der Saison verbrachte er mit der zweiten Mannschaft in der 3. Liga, wo er 15 Tore in 32 Spielen erzielte.

Er hatte zwar jede Menge Spaß dabei, aber das wirklich Wahre war das für ihn nicht.

Ein paar Wochen später rief ihn Gerland, der Tiger, nach dem Training zu sich ins Büro. Klinsmann war auch schon dort.

«Ich habe vor, dich an einen Verein zu verkaufen, bei dem du öfter spielen könntest», teilte Klinsmann ihm mit.

«Aber … ich spiele gern für die Bayern», sagte Thomas. «Ich muss nur häufiger spielen. Dann kann ich Ihnen zeigen, was ich wert bin.»

«Das verstehe ich, Thomas, aber ich habe eine Aufstellung, mit der ich zufrieden bin, und in der sehe ich einfach keinen Platz für dich in der ersten Mannschaft.»

Der Tiger saß schweigend an einer Ecke seines Schreibtischs.

Klinsmanns Worte hatten getroffen.

«Geben Sie mir eine Chance, Trainer!», sagte Thomas.

«Hoffenheim braucht einen vielseitigen Stürmer wie dich», sagte Klinsmann. «Sie versuchen schon seit Monaten, dich von uns abzuwerben. Ich glaube, dort könntest du sehr glücklich werden.»

Thomas war erschüttert.

«Warum gehst du nicht mal raus!», ergriff schließlich der Tiger das Wort. «Ich möchte mit Trainer Klinsmann allein sprechen.»

«Ja», sagte Thomas und verließ den Raum, um sich im Flur vor dem Büro aufzuhalten, wo er hören konnte, wie sich beide unterhielten.

«Thomas ist glücklich hier, Jürgen», sagte Gerland, der Tiger, zu Klinsmann. «Er ist hier groß geworden. Er gehört zu uns. Zu den Bayern.»

«Aber seine technischen Fähigkeiten sind noch nicht ganz hier angekommen», hielt Klinsmann dagegen.

«Dieser Junge hat immer seine Tore gemacht. Unsere Tore. Er kann uns eine Menge nützen.»

Klinsmann seufzte. «Ich glaube, wir sollten ihm eine Chance in einer anderen Mannschaft geben, meinst du nicht, Tiger?»

«Nein, Jürgen, da bin ich anderer Meinung. Und ich rate dir dringend, dir diesen Gedanken aus dem Kopf zu schlagen.»

Klinsmann war verdutzt über Tigers Nachdrücklichkeit. Er stand auf und stopfte seine Unterlagen in einen Ordner. «Wir sprechen nochmal darüber», sagte er, während er das Büro verließ. Auf dem Flur wirbelte Thomas herum und verschwand, als Klinsmann aus dem Zimmer trat.

«Mit mir nicht!», sagte Gerland und blickte nach draußen, wo er Thomas sah.

«Übrigens», rief der Tiger Klinsmann hinterher, «sind die Transferfenster bereits geschlossen.» Klinsmann ignorierte ihn und ging weiter. Der Tiger drehte sich zu Thomas um. «Tut mir leid, dass du das mit anhören musstest.» Er ging zurück in sein Büro.

«Danke, Trainer», sagte Thomas mehr zu sich selbst und lehnte sich erleichtert an die Wand.

Ein paar Wochen später wurde Klinsmann entlassen und der Verkauf von Thomas Müller war Geschichte.

Es gab noch ein weiteres wichtiges Ereignis in diesem Monat: Thomas fragte Lisa, ob sie ihn heiraten wolle.

Und Lisa sagte «Ja».

Kapitel 18 – Der strahlende Sieger

«MÜLLER SPIELT BEI MIR IMMER», sprach Louis van
Gaal in den undurchdringlichen Dschungel von
Mikrofonen hinein, die vor ihm aufgebaut waren.
Er war von einer lebhaften Horde von Reportern
umzingelt und hatte Thomas Müller, Holger
Badstuber und Basti Schweinsteiger im Rücken.
«Das ist mein Dream-Team!», fuhr er fort. Der
Holländer van Gaal hatte gerade die Führung über
Bayerns erste Mannschaft von Jürgen Klinsmann
übernommen. Diese Pressekonferenz machte
erst den Anfang. Eine ganze Saison musste noch
gespielt werden. Es machte ihm nichts aus, seine
Gedanken der Presse zu verraten, denn er kam
immer gut mit ihr zurecht und es handelte sich
schließlich um Neuigkeiten. Er hatte die Absicht,
alle Titel zu gewinnen, genauso, wie es von ihm
erwartet wurde. Und als Thomas ihn wissen
ließ, dass er bereit wäre, auf jeder Position zu

spielen, Hauptsache er würde aufgestellt werden, versicherte ihm van Gaal: «Oh, mach' dir darüber keine Sorgen, ich meine ernst, was ich sagte. Du wirst spielen.»

«Auf welcher Position?», fragte Thomas.

«Das werden wir schon noch herausfinden», entgegnete van Gaal.

Er wusste, was er an Thomas hatte: einen unermüdlichen Spieler, der im Sechzehnmeterraum Verwirrung anzurichten wusste, der aus kürzester Distanz Tore schießen konnte und der immer einen anderen Stürmer fand, dem er einen tödlichen Pass in den freien Raum spielen konnte. Thomas war der Typ von Spieler, den man «Falsche 9» nennt: Van Gaal wusste, dass er ihn vorne spielen lassen konnte, genauso wie rechts, links oder in der Mitte, hinter dem Mittelstürmer oder manchmal sogar vor ihm. Als Spieler war er immer in Bewegung und gab das ganze Spiel über alles.

Thomas' Augen strahlten, als er daran dachte.

Unglücklicherweise sah es im November danach aus, als würde van Gaals Dream-Team schon in der Vorrunde der Champions-League ausscheiden.

Wie Thomas ein Jahr zuvor versprochen hatte, als er und Lisa Trede sich verlobt hatten, heirateten sie am 1. Dezember 2009. Sie wurden im Standesamt von Ismaning getraut. Nach den Feierlichkeiten kehrten sie nach Hause, auf ihren gemeinsamen Reiterhof in der Nähe Münchens zurück.

Van Gaal hielt sein Wort die gesamte Saison über, und Thomas spielte in allen Partien, auch im Champions-League Finale gegen Inter Mailand. Zwar verloren sie, doch Thomas hatte glänzend gespielt.

Noch davor, Im Oktober 2009, erschien während eines Trainings ein Mann im Spielertunnel und blieb dort im Schatten stehen. Als die Übungen beendet waren, nahm Thomas ihn im Schatten des Ganges zunächst nur als eine Silhouette wahr. Erst als er aus dem Schatten trat, erkannte ihn Thomas und lächelte.

Da stand einer seiner Helden, Oliver Bierhoff. Der Manager der deutschen Fußballnationalmannschaft. Der Mann auf dem anderen Poster, das an der Wand seines früheren Kinderzimmers hing.

Gerland, der Tiger, kam auf Thomas zu: «Er ist hier, um dich zu sehen», sagte Gerland.

Sofort eilte Thomas über den Platz, um den Mann zu begrüßen, der das Golden Goal geschossen und für Deutschland den EM-Pokal 1996 gewonnen hatte.

Als Müller sich ihm näherte, verschränkte Bierhoff die Arme und musterte ihn. Thomas streckte seine Hand aus und Bierhoff schüttelte sie. «Gehen wir eine Runde», sagte Bierhoff. «Du hast eine großartige Leistung gezeigt, hier und in der U21. Wir ziehen dich für den Weltmeisterschafts-Kader in Betracht. Joachim Löw, Gerd Müller und ich haben uns lange über dich unterhalten. Wir möchten, dass du nächsten Monat in zwei Freundschaftsspielen für uns spielst – danach sehen wir weiter.»

Thomas konnte es kaum glauben. Es kam ihm vor, als würde ein Traum wahr werden. «Ich muss Ihnen etwas sagen», meinte Thomas.

«Schieß los!»

«Ich habe Sie an meiner Wand hängen», sagte er. «Eines der Poster, das Sie zeigt, als Sie das Golden Goal gemacht haben.»

«Ich hänge an deiner Wand – und du stehst auf unserer Liste», sagte Bierhoff mit einem Lächeln.

Im März 2010 war es dann soweit, dass Thomas sein Debüt in der ersten Mannschaft machen sollte. Es war ein Freundschaftsspiel gegen Argentinien, das in Thomas' Heimstadion, der Allianz Arena, ausgetragen wurde. Er spielte von Beginn an, wurde aber in der 67. Minute ausgewechselt. Argentinien gewann mit 1:0. Diego Maradona, der Fußball-Gott, war Trainer der Argentinier, und nach dem Spiel fand man sich zu einer der üblichen Pressekonferenzen zusammen.

Maradona hatte bereits hinter den Mikrofonen Platz genommen, als Thomas das Podium betrat, sich zwei Stühle entfernt von ihm setzte und ihm respektvoll zunickte.

«Wer ist das denn?», spottete Maradona. «Der Balljunge?»

Er hatte wohl mit dem deutschen Trainer Joachim Löw gerechnet.

Peinliches Gelächter unter den Presseleuten und im Publikum.

Thomas war verlegen.

Beschämt stand Maradona auf. «Sitzung

beendet!» Er machte auf dem Absatz kehrt und verließ den Raum, wo er Thomas auf dem Podium und die anderen allein zurückließ.

«Habe ich etwas Falsches gesagt?», scherzte Thomas, und alle lachten.

Thomas wurde in den endgültigen Kader der Nationalmannschaft gewählt, der Deutschland bei der Weltmeisterschaft 2010 in Südafrika vertreten sollte. Ihm wurde die Nummer 13 zugeteilt. Michael Ballacks Trikot. Das Besondere daran war außerdem, dass das die Rückennummer war, mit der Gerd Müller 1974 das Siegtor im WM-Finale gegen die Niederlande erzielt hatte. Und es war das Trikot, das Thomas als Junge beinahe jeden Tag in der Schule trug. Wenn es gewaschen war, jedenfalls. Er nahm es entgegen und zog es über. Er war zu Tränen gerührt. Für ihn bedeutete es mehr als alles auf der Welt.

«Michael ist verletzt und wird in diesem Jahr nicht an der Weltmeisterschaft teilnehmen können», sagte Löw. «Jetzt ist es also deins.»

Er gehörte nun zu Spielern wie Bastian Schweinsteiger, Manuel Neuer, Lukas Podolski,

Mario Gómez, Miroslav Klose, Philipp Lahm,
Jérôme Boateng, Holger Badstuber, Mesut Özil
und Sammy Khedira. Es war die jüngste deutsche
Mannschaft seit 75 Jahren, und Joachim Löw
leitete sie.

Das erste Spiel, das Deutschland drei Tage nach
Beginn des Turniers in seiner Gruppe D austrug,
fand in Durban gegen Australien statt. Podolski traf
in der 8. Minute, Klose in der 26., Müller in der
68. und Cacau in der 70. Minute. Thomas hatte
sein erstes Tor in der Weltmeisterschaft geschossen.
Er freute sich riesig, aber er wusste, dass dies erst
der Anfang war.

In ihrem dritten Auftritt während der
Gruppenphase in der Soccer City von Johannesburg
machte Özil in der 60. Minute das einzige Tor
für Deutschland gegen Ghana. Deutschland
gewann 1:0 und Mesut Özil wurde zum «Spieler
der Begegnung» ernannt. Thomas kämpfte hart
weiter und glänzte im Achtelfinale gegen England,
wo er sein zweites WM-Tor schoss, woraufhin
Deutschland 4:1 gegen England gewann und

sich damit auf den Weg nach Kapstadt und ins Viertelfinale gegen Argentinien machte.

Nach drei Minuten im Viertelfinalspiel gegen eine beeindruckende argentinische Aufstellung rund um den Barcelona-Star Lionel Messi wurde der argentinische Trainer Maradona wütend. Denn kaum hatte er seinen Platz auf der Trainerbank angewärmt, schoss Deutschland ein Tor.

«Wer war das denn?», fragte Maradona seinen Assistenztrainer.

«Müller», antwortete der.

«Dieser spindeldürre Typ?», wunderte er sich. Es kam ihm so vor, als hätte er diesen langen, schlaksigen Spieler schon einmal gesehen, konnte sich aber nicht erinnern, wo oder wann das gewesen sein sollte.

Nach dem Torjubel trafen sich Thomas' und Maradonas Blicke. Er wusste, die «Hand Gottes» würde ihn nie wieder einen Balljungen schimpfen.

Doch das Tor von Thomas war erst der Auftakt. Deutschland verpasste Maradonas Team eine

4:0-Abreibung und schickte die gedemütigten
Argentinier mit weiteren zwei Toren von Klose und
einem von Friedrich nach Hause.

Doch die deutsche Maschinerie wurde von den
Spaniern gestoppt, gegen die Deutschland am 7.
Juli mit 0:1 verlor. Sie würden den WM-Pokal nicht
für Deutschland nach Hause bringen.

Die Mannschaft war geschlagen, der deutsche
Traum ausgeträumt, obwohl Löws Vorstellung
von einer neuen, jungen und energiegeladenen
Mannschaft bereits Gestalt angenommen hatte. Die
Art, wie sie spielten, ihr Talent und ihr Teamgeist
– all das war in Südafrika deutlich in Erscheinung
getreten. Ihre Zukunft zeichnete sich hier ab, und
sie schien vielversprechend zu sein.

Im Spiel um den dritten Platz gegen Uruguay
setzte Thomas mit seinem fünften Tor in Südafrika
schon früh ein Zeichen. Er hatte bereits einen
Torschuss versucht, allerdings aus dem Abseits, als
er Löws Team in der 19. Minute in Führung schoss.
Deutschland gewann 3:2 und Thomas wurde zum
«Spieler der Begegnung» gekürt.

Außerdem erhielt Thomas den «Goldenen

Schuh» für die fünf Tore in seiner ersten Weltmeisterschaft.

Nach dem Spiel ging er in die Umkleidekabine und hielt dabei etwas hinter seinem Rücken versteckt.

«Was hast du da hinter dir versteckt?», fragte ihn Manuel Neuer lächelnd. Er wusste eigentlich schon, was es war.

Thomas lüftete das Geheimnis: Ein leuchtend rotes Megafon.

«Oh nein», meinte Podolski, der ahnte, was als Nächstes passieren würde.

Thomas hielt sich das Megafon an den Mund und drückte den Schalter: «Gebt mir ein H!»

Überall wurde gelacht, als alle einstimmten: «H!» Sie wussten, wohin das führte.

«Gebt mir ein U!», brüllte Thomas, und seine Mitspieler antworteten ihm. «Gebt mir ein M!», rief er, und dann: «Gebt mir ein B!»

«B!» Die gesamte Nationalmannschaft war jetzt auf den Beinen und schrie so laut zurück, dass ihre Stimmen von den Wänden der Kabine widerhallten.

«Gebt mir ein A!», kreischte Thomas, und alle seine Freunde kreischten zurück.

Und dann begannen sie wie aus einer Kehle zu singen: «Humba Humba Humba Täterä! Täterä! Täterä!»

Dieses Karnevalslied sang man beim FC Bayern immer dann, wenn man sich in Siegesstimmung versetzen wollte. Als Löw und Bierhoff hereinkamen, sangen sie noch immer, sodass sich beide unterhakten und mit ihrer Mannschaft weitersangen, bis ihre Stimmen von den Wänden zurückgeworfen und weiter hinaus bis auf das Spielfeld getragen wurden. Die deutsche Nationalmannschaft mag zwar nur Dritter geworden sein, aber im Singen – und was ihre Einstellung betraf – waren sie auf Platz eins.

Kapitel 19 – Der Raumdeuter

ALS THOMAS AUS DEM FLUGZEUG, das aus Frankfurt kam, ausstieg, traf ihn die feuchtheiße Luft wie ein Donnerschlag. «Puh!», rief er seinen Teamkameraden durch das Heulen der startenden und landenden Maschinen zu. Der Flughafen *Rio de Janeiro-Galeão – Antônio Carlos Jobim* war einer der verkehrsreichsten der Welt und überall hörte man die Lieder des Musikers Jobim tönen. Die Passagierbrücke war mit einer Plane umgeben, die jedoch nur wenig vor der drückenden brasilianischen Hitze schützte. Er war sein erstes Mal auf dem südamerikanischen Kontinent und ihm lief bereits der Schweiß hinunter.

Seine Kameraden lachten, drängen ihn aber, sich zu beeilen, denn sie hatten über zehn Stunden Flug hinter sich und wollten jetzt alle raus. Die deutsche Nationalmannschaft befand sich unterhalb des Äquators auf der Südhalbkugel der Erde, wo

sie die Weltmeisterschaft 2014 erwartete, die am
12. Juni beginnen sollte. Die Mannschaft hatte
noch jede Menge Arbeit vor sich, bevor sie vier
Tage später ihrem ersten Gegner, Portugal, auf dem
Rasen der *Itaipava Arena Fonte Nova* in Salvador
gegenüberstehen sollte.

Die Spieler hatte noch vier Tage, um sich auf ihr
erstes Spiel vorzubereiten, doch Thomas hatte
vier Jahre auf diesen Augenblick gewartet. Die
Niederlage der Deutschen 2010 bekräftigte seine
Entschlossenheit, dieses Mal zu gewinnen. Danach
kam die enttäuschende Europameisterschaft 2012,
doch reifte er als Spieler wie auch die meisten
seiner Kameraden, und Löws Rechnung schien
aufzugehen. Bereits in den Qualifikationsspielen
zur WM schoss er acht Tore, und diesen Schwung
wollte er hierhin mitnehmen.

Seine Willensstärke zahlte sich schon im
ersten Gruppenspiel gegen Portugal aus. Keine
zwölf Minuten im Spiel, verwandelte er einen
Strafstoß und erzielte sein erstes Tor in der
Weltmeisterschaft 2014. Zwei weitere sollten noch
folgen und für einen Hattrick sorgen – und dafür,

dass Deutschland Portugal mit 4:0 vernichtend schlug.

Fünf Tage später spielten sie in Fortaleza ein 2:2-Unentschieden gegen Ghana, in dem alle Tore in der zweiten Halbzeit fielen. Thomas, der deshalb ziemlich frustriert war, schoss kein einziges. Wie sich noch herausstellen sollte, war Ghana die einzige Mannschaft, die in diesem Turnier nicht von Deutschland geschlagen werden konnte. Die USA dagegen schlugen sie mit 1:0 und Thomas wurde zum «Spieler der Begegnung» gewählt, nachdem er das einzige Tor in der 55. Minute geschossen hatte. Von dort aus zog Deutschland ins Achtelfinale ein, wo sie Algerien mit 2:1 in der Verlängerung besiegten, in der Özil sie erst in der 119. Minute in Führung schoss. Deutschland war im Viertelfinale. Gegen Frankreich erzielte diesmal Thomas' Freund Mats Hummels das einzige Tor; Deutschland gewann das Viertelfinale mit 1:0.

Ihr Halbfinalspiel gegen Brasilien wurde zu einem der denkwürdigsten in der Geschichte der Fußball-Weltmeisterschaft. Deutschland erledigte das Gastgeberland auf zugleich überraschende und demütigende Weise, während die ganze Welt ungläubig dabei zusah. Thomas traf in der 11. Minute als Erster, dann traf Klose, gefolgt von Kroos mit zwei weiteren Treffern, dann Khedira mit einem und schließlich machte Schürrle mit zwei weiteren Toren in der 69. und der 79. Minute alles perfekt. Mit einem überwältigenden 7:1-Sieg über Brasilien stand Deutschland vor dem Finale.

Wieder einmal sollten sich in einem WM-Spiel Thomas und Leo Messi mit seiner Truppe gegenüberstehen. Er hatte bereits fünf Tore erzielt, doch ohne die größte aller Trophäen würden all seine persönlichen Erfolge und alles, was das Team bis jetzt geleistet hatte, keine Rolle für ihn spielen.

Sie mussten dieses Spiel einfach gewinnen.

Es war höchste Zeit und alle waren sie bereit.

Das Spiel fand am 13. Juli im *Maracanā*-Stadion in Rio statt.

Beide Mannschaften sahen respekteinflößend wie Gladiatoren aus, die sich in ihrer Form und von ihren Fähigkeiten her ebenbürtig waren und ihr Bestes gaben, doch keiner schien ins Netz treffen zu wollen, sodass das Spiel in die Verlängerung ging und sich ein Elfmeterschießen anbahnte, während die Uhr immer weiter tickte.

Als von einhundertzwanzig Minuten nur noch sieben zu spielen waren, schlängelte sich Schürrle auf der linken Seite an drei argentinischen Verteidigern vorbei und flankte den Ball Richtung Götze; der stand frei, nahm ihn mit der Brust an und feuerte den Ball ab ins lange Eck, wo er im Netz einschlug. 1:0 für Deutschland!

Sieben Minuten später ging Deutschland in die Geschichtsbücher ein.

Thomas hatte sich selbst einmal einen Spitznamen gegeben, der seitdem an ihm haftet: «Der Raumdeuter». Viele versuchten dahinterzukommen, was er damit meinte, doch noch viele mehr fragten sich einfach, was Thomas zu einem solch einzigartigen Spieler machte.

Wenn die Frage gestellt wurde, was Thomas ins Spiel einbringt, waren sich alle seine Trainer und Manager darin einig, dass es sein starkes Pressing war, verbunden mit seiner Spielintelligenz, jede Passmöglichkeit voraussehen zu können. Müller war ständig in Bewegung, um freien Raum zu finden oder ihn für seine Mitspieler zu öffnen.

Seine Art, wie er die Reihen nach außen durchlief, war für das Spiel der Bayern und für Deutschland perfekt, weil sie auf technisch versierte, intelligente Spieler traf.

Thomas gab immer dieselbe Antwort, wenn er nach seinem Spitznamen gefragt wurde: «Ich kann die Schleichwege auf dem Platz erkennen. Ich mag zwar wie ein Storch oder wie ein Flamingo aussehen, aber ich bin eindeutig ein Adler. Ich bin der Raumdeuter.»

«Wie machst du das?», fragte ihn ein Reporter. «Wonach hältst du Ausschau?»

Thomas lächelte: «Nach Luft. Ich suche die Abwesenheit der anderen Spieler. Und dann tue ich, was von mir erwartet wird. Ich schieße ein Tor oder ich gebe einen Pass.»

Thomas' Träume wurden Wirklichkeit. Deutschland brachte zum ersten Mal seit vierundzwanzig Jahren den Pokal nach Hause. Er hatte fünf Tore geschossen und war nach Teofilo Cubas und seinem Mitspieler Miroslav Klose nun der dritte Spieler in der Geschichte des Fußballs, der mindestens fünf Tore in jedem seiner beiden ersten WM-Teilnahmen erzielte.

Mit zehn WM-Toren insgesamt zog er mit Helmut Rahn gleich.

Aber das größte aller Geschenke war, dass sein geliebtes Deutschland gewonnen hatte.

Sie waren wieder Weltmeister, zum vierten Mal.

Als Thomas und seine Mitspieler dieses Mal auf dem Siegertreppchen standen und sie den WM-Pokal in die Höhe rissen, ließ er sein Weltmeister-Lächeln erstrahlen; überall in der Welt war er zu einem Begriff geworden. Er wurde zum Nationalhelden.

Und schließlich spürte Thomas tief in seinem Herzen, wie ihn sein Großvater von oben herab anstrahlte.

www.ingramcontent.com/pod-product-compliance
Lightning Source LLC
Chambersburg PA
CBHW031958040426
42448CB00006B/406